もしも車ごと崖^{がけ}から落ちそうになったら

究極のサバイバルシリーズ

ジョシュア・ペイビン　デビッド・ボーゲニクト　著
梅澤乃奈　訳

文響社

The Worst-Case Scenario Survival Handbook: Travel
by Joshua Piven and David Borgenicht
illustrated by Brenda Brown
Copyright 1999–2019 by Quirk Productions, Inc.

First published in English by Quirk Books, Philadelphia,
Pennsylvania,
Japanese translation rights arranged with Quirk Productions,
Inc. through Japan UNI Agency, Inc., Tokyo

　命の危機が目前に迫ったときや恐ろしい状況に追いこまれたとき、どこを探しても安全な逃げ道など見つからないかもしれません。本書で紹介するような窮地に陥ったときにおすすめする対処法は、特別な知識を持つ専門家の助言に従うことです（おすすめというより、絶対に従ってください）。本書で紹介されている対処法を安易に試してみるような行動は絶対にやめてください。とはいえ、窮地に陥ったときに必ずしも専門家が傍らにいてくれるとは限らないので、ありとあらゆる危険な事態を切り抜けるために役立つ技術を、前もって聞いておきました。

　本書に記されている情報を実践して負傷した場合、不適切な状況下であれば言うまでもなく、たとえ適切な状況下であったとしても、出版社、著者、そして専門家、すべての関係者は全責任を放棄いたします。本書が紹介する技術や情報はすべて専門家が提案したものではありますが、それらが必ずしも完璧な解決策であること、安全であること、適切であることは保証しません。さらに、読者の皆さんが持ち合わせている正しい判断力と一般常識を無視してまで従えというものではありません。

　最後に、本書は他者の権利侵害や、法律に違反することを推奨するものではありません。読者の皆さんには、法律を守り、財産権を含む他者のあらゆる権利を尊重していただきますよう、心よりお願い申し上げます。

　すてきな旅へ、いってらっしゃいませ。

── 著者より

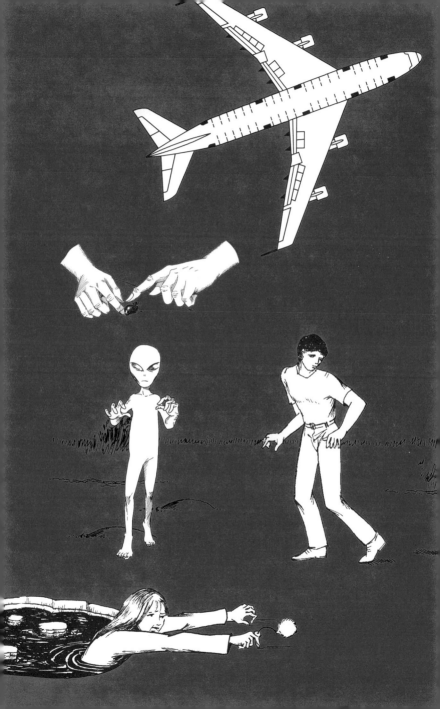

もくじ

チャプター1
いざ目的地へ

チャプター2
コミュ力勝負

チャプター3

とにかく逃げまわれ

チャプター4

外をふらふら

チャプター 5

食料とシェルターの確保

チャプター 6

病気やケガの対処法

APPENDIX

序文

避けられない出来事を切り抜けるため
今、この瞬間から、できること

　あまたの旅と冒険の中で、実際に危機的状況や不快な環境下に身を置いたからこそ得られた教訓がある。こうした経験から学んだことを紹介したいと思う。

その1　予想外の出来事は、わりと頻繁に起こる

　1989年7月のこと。タンザニアに佇むキリマンジャロ山の約4500メートル地点で、はたして生きて帰れるのだろうかと考えていた。

　出発前に聞いた友の声が頭の中で響く。「キリマンジャロなんて楽勝だよ。初心者だって、簡単に頂上まで登れちゃうんだから。軽い高山病になったり、体がむくんだりはするかもしれないけど。でも心配いらないよ。死にはしないさ」

　頭の中の声は、登山のパートナーである医師によってかき消された。体調を確認してくれているようだ。「片方の肺が損傷している。それに、肺水腫と脳水腫も起こしている。さらに両目には網膜出血が見られる」。なるほど、と思った。呼吸はしづらいし、このところ言語障害にも悩まされていたし、サングラスを外すたびに目が痛かったからだ。

話せないことの不自由さと精神的なショックは我慢できた。辛かったのは、肺を損傷したことと（ちなみに、これが人生で二度目の損傷である）、無事なはずの肺にも水分が溜まっていたことだ。「肺炎になったら、朝は迎えられないぞ。今すぐ歩いて移動しよう」と医師は言った。

　そして、約40キロの道のりを歩き続けた。

　2日後には非与圧式の飛行機でケニアへ飛び、ドイツへ渡った。ドイツからは、パンアメリカン航空の喫煙席で最悪な空の旅を経験してニューヨークに到着した。それから5日後にフィラデルフィアの病院へ行き、水を打ったように静まりかえった部屋で、神経科医と呼吸器病学の専門医の診断を受けた。あのときすでに、ふつうなら助からない状態だったらしい。だが、死ななかった。生きのびたのだ。

　この経験から、旅先で何が起きようとも生還できるという自信を得た。常に機転を利かせ、前進し続けるだけだ。奇跡的にも、これまでの旅で後遺症が残るような大ケガを負ったことはなく、どんなときでも自らの力で危機的状況を切り抜けてきた。

その2　どうにもできないこともある

　さすがの私も、トラブルの大小にかかわらず、常に何かが起こる前に危機を察知できるわけではない。トラブルが起きてから気づき、避けられない事態として受け入れているだけだ。ブエノスアイレスでズボンのポケットがカミソリでズタボロになったり、クロアチアでのテロが原因で、コソボ経由で迂回しなくてはならなかったり、国内線でアトランタへ飛んだときには預けていた荷物が行方不明になったりもした。これらはすべて、想定外の事件や自らの失敗というよりは、“避けられない出来事”なのである。

ケニアに住んでいたときは、週末の移動手段として飛行機をチャーターしていた。自動車を運転するより安全だったからだ。一度、借りようとした飛行機にはすでに予約が入っていたことがある。そしてその週末、まさにその飛行機が墜落した。地元のケニア人たちは、平然と受け止めていた。「ハクナ・マタタ」と言いながら。「どうってことないさ。そういうこともある」という意味らしい。出来事には、理由があったりなかったりするものなのだ。ちなみに、その次の週末は列車を利用した。

　極限の状態に追いこまれたり、危機的状況に陥ったりしたとき、それもまた旅のスリルだと感じる人もいるだろう。そうは感じられない人でも、預けた荷物が消えてしまったり、ホテルの予約がキャンセル扱いになっていたり、最終便の飛行機に乗り遅れたりする可能性があると覚悟しておくべきだ。

　重要なのは、そのような状況で次に取る行動なのだ。

その3 常にプランBを用意しておく

　事前の小さな準備が、予期せぬ事態を切り抜ける助けになる。

　ニューハンプシャー州のホワイト山地では、使い古した綿の寝袋のおかげで低体温症に苦しんだ。低地では快晴で暖かい日になるとの予報だったが、山の上では5日連続で雨だった。荷物も体もびしょ濡れになり、暖を取る術がなかった。最終的に熱に浮かされてせん妄状態になり、意識を失いかけた。

　それから2日間、なんとか体温を上げようと、1つの寝袋に半裸の3人がぎゅうぎゅう詰めになった。この経験以来、出発前の準備を怠らないようにしている。そう、絶対にだ。

　今では出発前に入念に下調べを行う。臨機応変に対応でき

るように旅の計画を練り、宿泊施設を確認し、現地の天候を調べ、観光客向けの注意事項を読み、目的地に合わせた持ち物を用意し、その他にも必要になりそうなものをすべて揃える。別の航空会社のフライトも調べておくことで、万が一乗り換えがうまくいかなくとも空港での足止めは避けられる。スイスからオランダのハーグへ向かったときは、11本の列車とバスを乗り継いで、ホテルの入り口が施錠される深夜ギリギリに到着した（スイスで乗った1本目の列車が10分遅れで出発したことで、その後のドイツとオランダの路線でも予定に遅れが生じたが、それでも間に合った）。まさに「備えあれば憂いなし」だ。雨具も持たずに雨のパリを歩くのは、北大西洋の強風に晒（さら）されるのと同じくらいしんどいのだから。

その4　今が最悪だと思っても、下には下がある

　少し前まで、1ヵ月に及ぶタイタニック号の探索に参加していた。その生活ぶりといったら、まさに"マーフィーの法則"（「悪くなる可能性のあるものは、いずれ必ず悪くなる」という考え方）そのものだった。毎日が挑戦の連続で、1日に複数の挑戦に見舞われることさえあった。機材の不調、大荒れの海（疾強風（しっきょうふう）3回、ハリケーン1回を乗りきった）、食中毒。トップレベルで危機を予知し、事前に備えていたにもかかわらず、これだけのトラブルに見舞われたのだ。

　潜水艇で海底に潜るということは、常に死と隣り合わせになるということだ。爆破事故の死、溺死、焼死、凍死、窒息死の危険がつきまとう。さらに高まる緊張感や不安とも戦わなくてはならない。タイタニック号の探索は、世界中のメディアに注目されていたからだ。このような状況下でも、我々は問題に向き合い、解決し、次の工程へと進んだ。絶対に、問題は先送りにしなかった。そんなことをすれば、いずれ山積

みになった問題で手がまわらなくなってしまう。タイタニック号の探索でも、一般の旅行でも、注目すべきなのは現状の問題点ではなく、どうすれば改善できるかだ。1つずつ、確実に解決していけばいい。

　上記のレッスン以外にも、技術的な知識が必要になる。この先のページをめくって、ぜひ学んでほしい。

デビッド・コンカノン
エクスプローラーズ・クラブ会員／同クラブ法律委員会委員長

人が旅路を選ぶのではない。旅路が人を呼ぶのだ。

ジョン・スタインベック（アメリカ人作家）

臆病者は家にいればいい。

ベンジャミン・カードーゾ（アメリカ人判事）

まえがき

　残念なお知らせがあります。実に半数以上の観光客が旅先でトラブルに見舞われると、はっきり数字に表れているのです。座席のリクライニング機能が壊れているとか、ホテルの水道からポタポタと水が漏れて気になるとか、そんな小さなトラブルならいいですが、待ち構えているのは、おそらくもっと大きなトラブルでしょう。

　たとえばハイジャック。それからヒルに噛まれるとか、暴走列車もあり得ます。タランチュラに遭遇したり、津波に襲われたりするかもしれません。手足を切断されてしまうことだってあるかもしれないですよね。路上強盗に襲われる危険もあるでしょう。飛行機だって墜落します。自動車に乗ればブレーキが故障します。外を歩けばUFOに誘拐されちゃいます。ホテルの33階で、就寝中に火災に巻きこまれるかも。

　言えることは1つだけです。常に最悪のケースに備えるべし。

「不運や危険な目に遭うのが怖いなら家にいればいい」だなんて言うつもりはありません（前作『もしもワニに襲われたら』で紹介しましたが、家にいても危険な目には遭いますしね）。外へ出て、その目で広い世界を見てください。山に登り、川を渡り、ラクダに乗って、地元の料理を味わって、冒険に出てください。楽しい旅が悲惨な方向に舵を切ったとき、取るべき行動さえ知っていればいいのです。

最大限の助言と安全を提供するため、本書では物事を多角的な視野から捉えています。たとえば、サウジアラビアに住んでいない外国人にとっては、砂嵐だってエキゾチックで魅力的なものに見えるでしょう。タヒチの人々にとっては、線路に落ちることなど一生に一度あるかないかの状況だとしても、パリやニューヨーク、東京などの大都市に住んでいる人々にとっては、日常と隣り合わせの危険ですよね。地元住民にとってはありふれた景色でも、外から見ればまったく新しい景色だというわけです。

　本書で伝えたいことは、玄関を1歩出た瞬間から旅は始まっているということです。町内だろうが赤道を越えようが、旅は旅なのです。あなたが遭遇し得るあらゆる危険を紹介すると共に、その対策法を伝授します。

　しかしどれだけ皆さんの安全を願っても、我々は危険回避術やサバイバル術の専門家ではありません。ただの観光客であり、一般市民でもあり、素人（しろうと）の2人組のおじさんです（ほんの少し疑心暗鬼で、強めの好奇心を持ち合わせてはいますけど）。危機的状況を切り抜けるために、今回もまた専門家に助言を求めました。アメリカ陸軍、アメリカ合衆国国務省、セキュリティの専門家、パイロット、鉄道技師、スタントマン、対テロ専門家、探検家、希少動物専門家、スタントカー・レーサー、その他もろもろ（専門家の一覧は本書の最後にまとめてあります）。彼らから得た情報と助言をもとに、あらゆる危機的状況を乗り越えるための手順をイラストつきでわかりやすくまとめました。

　これといって目立った出来事のない旅でも本書を活用していただけるよう、より個人的な一面に迫った対処法も聞いておきました。専門家の助言と我々の経験をもとに、荷造り、飛行機、ホテル、危険地帯など、一般的な旅行時に役立つ攻

略法を別表（APPENDIX）にまとめてあります。別表の最後には、緊急時に使えるフレーズを4ヵ国語で紹介しています。外国ではジェスチャーの意味も変わってくるため、旅先で避けるべきジェスチャーも掲載しています。

　明日、または10年後、たった一度でも本書で学んだ知識を思い出せれば、自分や、一緒にいる人の命を救えるのです。本書は、あなたの命をつなぐパスポートです。ひどい交通渋滞に巻きこまれたら、ページを破ってトイレットペーパーとしても使えますよ。

　自宅警備員のあなたにも、娯楽として楽しんでいただける1冊になっています。

　それでは、ボン・ボヤージュ。

著者　ジョシュア・ペイビン
デビッド・ボーゲニクト

いざ目的地へ

もしもラクダが
暴走したら

1. 手綱をしっかりつかむ。ただし、ラクダの暴走を止めようとして強く引きすぎないこと。

暴れ馬とは違い、ラクダの場合は手綱を強く引いてはいけません。多くのラクダは頭部、または鼻にハーネスが取りつけられています。そのため強く引いてしまうとラクダの鼻が裂けてしまうか、手綱が切れてしまいます。

2. 頑丈な手綱がラクダの頭部に取りつけられている場合は、片方を軽く引いてラクダが走りながら円を描くように誘導する。

ラクダの動きに逆らわないこと。ラクダが頭を傾けるほうに手綱を引いてあげましょう。走りながら何度か方向転換するかもしれませんが、ラクダに任せてあげること。

3. 手綱が鼻に取りつけられている場合は、しっかり手綱につかまる。

手綱でバランスを取り、足でしっかりラクダの体にしがみついてください。鞍がついているなら、鞍の前部にあるホーンと呼ばれる突起につかまってください。

4. ラクダが止まるまで耐える。

円を描いていようが、まっすぐ走っていようが、暴走するラクダが遠くまで走っていくことはありません。疲れてきたら、ラクダも座って休みます。

5. ラクダが座った隙に飛び降りる。

ラクダが逃げないように、手綱から手を離さないこと。

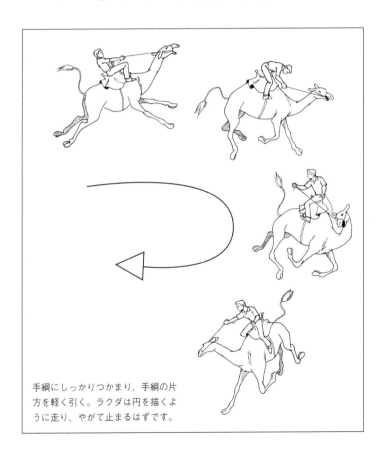

手綱にしっかりつかまり、手綱の片方を軽く引く。ラクダは円を描くように走り、やがて止まるはずです。

もしも列車が
暴走したら

アメリカの列車は、日本の一般的な列車とは構造が違います。日本の鉄道内で非常事態が起こったら、非常通報装置（非常停止ボタン）を押してください。

1. 非常ブレーキを探す。

すべての車両ごとに非常ブレーキが用意されています。赤色など、目立つデザインでわかりやすくなっているはずです。

2. ハンドルを引く。

ブレーキパイプから空気を排出するためのバルブが開き、非常用のブレーキが作動します。線路の湾曲具合、傾斜角度、列車の重量、そして車両の数によっては脱線する可能性もあります。

ブレーキが作動しなかった場合

1. 助けを呼ぶ。

乗務員につながる無線を探してください。受話器とマイクのあいだにある通話ボタンを押します。応答が聞こえなくても、無線のチャンネルは変えないこと。緊急救難信号を送ってください。聞き手が列車の位置を確認できる助けとなる情報はすべて伝えましょう（列車番号や終着駅など）。操車係に情報が伝わり、たとえ応答がなくても、列車の状況を確認してくれるはずです。誰にも無線がつながらなかった場合は、自力で列車を停めてください。

2. 先頭車両に移動する。

非常ブレーキを引くか、乗客に声をかけて手動ブレーキを作動させるよう指示してください。24ページの手順1で紹介した赤色の非常ブレーキとは別のものです。手動ブレーキは各車両の後方にあるデッキ部分に設置されています。ハンドルをまわすか、レバーを引いて使用します。バルブを限界まできつく締めて、そのままの状態にしておいてください。

3. 機関車の運転室へ移動する。

貨物車両と機関車のあいだにある連結部分は慎重に渡ってください。

複数の機関車が連結されている列車の場合は次の手順をすべての機関車で行ってください。また、何台もある機関車の最後尾の機関車が後ろ向きに連結されていると、それ以上先に進めなくなってしまいます。その場合は、最後尾の車両へ移動して28ページの「列車の速度が落ちない、または衝突が避けられない場合」を参考にしてください。

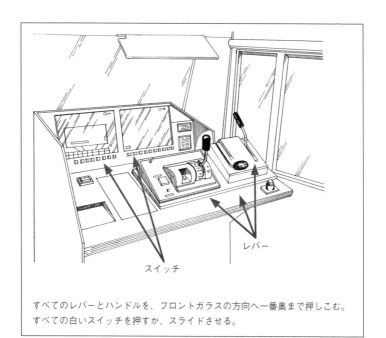

すべてのレバーとハンドルを、フロントガラスの方向へ一番奥まで押しこむ。
すべての白いスイッチを押すか、スライドさせる。

スイッチ

レバー

4. 機関車の運転室に入れたら計器盤（操縦席の左側）、またはその近辺にある機関室用の非常バルブを開ける。

非常バルブは、すぐに認識できるデザインになっているはずです。ハンドルを一番奥まで押してください。

5. すべてのレバーとハンドルを、フロントガラスの方向へ一番奥まで押しこむ。

ブレーキのレバーは、必ず奥に倒してください（根本に"ブレーキ"と記載があるはずです）。すべての白いスイッチを一気に押し（スライド式の場合はスライドさせる）、電源を落としてエンジンを停止させます。

6. それでも列車の速度が落ちない場合は、運転室の後方
右手側にある機関室に移動する。

機関室に轟音が鳴り響いていたら、機関車が稼働中である
ことを示しています。

7. エンジンブロックと平行して、機関室内をすばやく移
動する。

エンジンブロックは約1メートルの高さで、大きな自動車
のエンジンのような形をしています。

8. レイシャフト・レバーを引いてエンジンを止める。

長さ約60センチのハンドルで、エンジンブロックの肩ほど
の高さに位置しているものです。エンジンブロックと同じ
色で塗られており目立たないので、見つけるのに手こずる
かもしれません。ハンドルを思いきり押しこむとエンジン
が急加速するため、強制的にシャットダウンされます。こ
のレバーは機械で制御されており、確実にエンジンを止め
られます。

9. 操縦席に戻り、他の列車に知らせるために警笛を鳴ら
す。列車が完全に停止するまで数キロは進みます。

手のひらサイズで上向きのハンドル、または計器盤に"警
笛"と書かれたボタンがあるはずです。

列車の速度が落ちない、
または衝突が避けられない場合

1. 落ち着いて、かつ早急に最後尾の列車まで移動する。

衝突時に最も安全な場所です。他の乗客も、一緒に最後尾へ移動するように促してあげましょう。

2. 衝突に備える。

寝台車はたいてい、列車の最後尾に設置されています。その場合は、マットレスや枕を使って体を保護しましょう。列車後方の壁に沿って座るか、横たわってください。こうすることで、衝突時に前方に吹き飛ばされるのを防ぎます。牽引車から離れていれば離れているだけ、安全です。

もしも車のブレーキが故障したら

1. ブレーキペダルを踏み続ける。

多少なりとも速度を緩めることができるかもしれません。運がよければ、完全に車を停止させられるでしょう。アンチロック・ブレーキシステムがついている車では、普段ブレーキを踏みこむことはありませんが、ブレーキが故障した場合はその限りではありません。

2. パニックにならない。落ち着いてハンドルを握ること。

高速でコーナーに突っこんでも、意外と曲がりきれるものです。後輪がスリップしても慌てずに、落ち着いて運転してください。過剰に修正しようとしてハンドルをまわさないこと。

3. エンジンを切らずに最も低いギアに設定し、変速機が速度を落としてくれるのを待つ。

4. サイドブレーキを引く。ただし、強く引きすぎないこと。

強く引きすぎると後輪にロックがかかり、車がスピンしてしまう危険があります。一定の強さで、継続してブレーキを引いておきましょう。ほとんどの場合、サイドブレーキ

は有線で接続されており、他のブレーキシステムが故障したときでも、ほぼ確実に車を停止できるように設計されています。速度を落としてギアを低くすることで、車の停止を促します。

5. 先が行き止まりになっている場合は、急旋回する。

左右どちらでも構わないので、安全な方向にハンドルを4分の3回転させながら、サイドブレーキを強く引いてください。これで車が180度回転します。下り坂の走行中に急旋回すれば、行く先が上り坂になるので、自然と速度も落ちます。

6. 道幅に余裕があれば、Y字を直進したりバックで戻ったりを繰り返す。

左右の別れ道で急旋回することで、効果的に速度を落とせます。

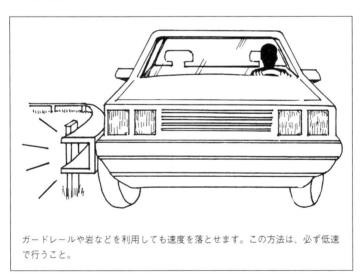

ガードレールや岩などを利用しても速度を落とせます。この方法は、必ず低速で行うこと。

7. 先行車がいる場合は利用する。

クラクションを鳴らしたり、ライトを点灯させたりして先行車の運転手の気を引いてください。先行車にぶつけるときは、必ず真正面からバンパー同士がぶつかるように注意してください。角度がずれると、先行車を道路から追い出してしまいます。この方法はきわめて危険な手段だと覚えておいてください。先行車があなたの車よりも大型でないと成功しません。バスやトラックだと理想的です。さらに、両方が同じ速度で走行している必要があります。自分よりも低速で走行中の車や停止中の車には、絶対にぶつけないこと。

8. 停止させるのに使えそうなものを探す。

走行中の道路と交差している平らな道や上り坂、広い野原、フェンスなどは速度を落としてはくれますが、すぐさま車を停止させてくれるものではありません。ガードレールで車の側面をこすりながら走行して速度を落とすのも1つの手です。木や木製の柱などは避けましょう。速度が落ちるまでに時間を要します。

9. 対向車に側面をぶつけて停めようとしない。

10. すべてを試しても車が停まらずに崖から落ちそうになったら、とにかく目についたものに車をぶつけておく。

こうすることで、誰かが崖から転落したという痕跡も残せます。絶望的なほど急激に切り立った崖というのは、それほど多くありません。落下前に衝突して速度を落としておけば、数メートルほどの落下で済む可能性が高まります。

もしも馬が暴走したら

1. 両手と両足で鞍にしがみつく。

乗馬中のケガで最も多いのが、馬に振り落とされて地面に
たたきつけられたり、木や柵に激突したりすることだから
です。

2. ホーンに片手でつかまり、もう一方の手で手綱を握る。

手綱から手を放してしまったときは、ホーンか馬のたてが
みに両手でつかまって馬が落ち着くのを待ちましょう。

3. 可能な限り鞍にまっすぐ座っておく。

前かがみになりたいという本能と戦ってください（森など
の木や枝が多い場所では、特に強くそう感じるはずです）。
普段、馬が「止まれ！」と命令されるときの姿勢とはかけ
離れているからです。馬は繊細な動物です。深く腰掛け
て、足はあぶみより少し前に出るような姿勢を取ってくだ
さい。

4. 中くらいの力加減で、手綱を引いたり緩めたりする。

馬が最高速度で走っているときに、手綱を急に引っぱった
り、強く引きすぎたりするのは御法度です。馬がバランス

をくずしてつまずいたり、転倒したりしてしまうかもしれません。最高速度（時速約40〜50キロ）で走っている馬が転倒すると、大きなケガや死亡事故につながる危険すらあります。

5. 馬が大またになったり早歩きになったりして速度が落ちたら、手綱の片側を軽く引き、あぶみに乗せている自分の足下に目線がくるように馬の頭を片方に傾けさせる。

こうすることで馬が円を描くように走り始めます。馬は主導権が騎手に戻ったことに気づき、やがて退屈になって走るのをやめるはずです。

6. 馬が歩き始めたら、手綱をゆっくり引いて完全に止まらせる。

7. 再び馬が駆け出す前に降りる。

馬が逃げないように、手綱から手を放さないこと。

［プロの助言］

▶ 長すぎる手綱が馬の前に垂れていると、つまずいてしまうかもしれません。経験の浅い騎手は手綱の両端を結んでおきましょう。馬の首から滑り落ちてしまうのを防ぎ、余計な危険を排除できます。

▶ 馬が暴走するのは、驚いたとき極度にストレスを感じているときです。さらなる不安を与えないように注意しましょう。落ち着かせるように話しかけ、片方の手で首を優しくなでてあげてください。大声を出したり、悲鳴を上げたり、馬を蹴りつけたりしては、余計に興奮させてしまうだけです。

もしも飛行機を
着水させなきゃ
ならなくなったら

下記の手順は小型のプロペラ機にのみ有効です（民間航空機は想定外です）。

1. 操縦席に座る。

二重操縦装置の場合、パイロットが左側の席に座っているはずです。あなたは、右側に座りましょう。操縦装置が1つしかないうえにパイロットが意識不明の状態になっている場合は、パイロットを操縦席から引きずりおろしましょう。操縦席についたら、シートベルトを忘れずに。

2. 無線用のヘッドセットをつけ（あればの話です）、助けを要請する。

操縦桿に調節ボタンがあるか、無線機のようなマイクが計器盤にあるはずです。話すときはボタンを押し、相手の声を聞くときは手を離します。「メーデー！　メーデー！」と言ってから、状況、目的地、機体番号（計器盤の上部に記載があるはずです）を伝えてください。応答がなければ、緊急用周波数の121.5にチャンネルを合わせます。無線を通じて、安全な着水手順を指示してくれるでしょう。指示

してくれる人がいなければ、自力で着水してください。

3. 自分のいる場所を把握し、計器盤を確認する。

操縦桿　車で言うところのハンドルで、座席の目の前にあるはずです。飛行機の進行方向や上昇・下降を操作できます。操縦桿を引くと機首が上がり、前に倒すと機首が下がります。左に傾ければ飛行機が左に曲がり、右に倒せば右に曲がります。とても感度がよく、数センチ動かしただけで飛行機は曲がってしまいます。水平線に対して機首が約7センチ上を向いているのが飛行中の理想的な角度です。

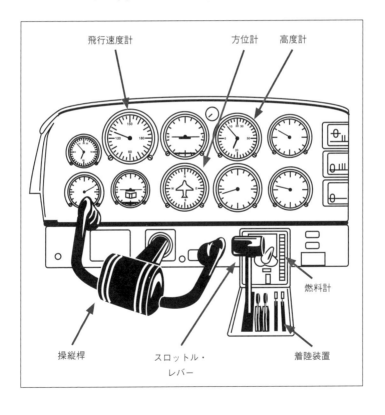

飛行速度計　方位計　高度計

燃料計

操縦桿　スロットル・レバー　着陸装置

高度計　最初の段階では最も重要な計器だと言えます。計器盤の中央の辺りにあります。短針は海水面から数千フィートを、長針は数百フィートを指しています。

方位計　コンパスと同じです。計器盤の中で、中心に小さな飛行機のイラストが描いてある唯一の計器です。イラストの機首が指すのが実際の進行方向です。

飛行速度計　計器盤の上段の左側に配置されています。多くの場合はノットを単位として計測されていますが、マイルを単位としている場合もあります。小型の旅客機は120ノットの速度で飛行します。70ノットを下回ると失速（ストール）する可能性が高まり非常に危険です（1ノットは時速約1.8キロ）。

回転速度計　35ページのイラストにはありませんが、通常、スロットル・レバーの近くにあります。1分間のエンジンの回転数（rpm）を表示するものです。高性能な小型機であれば、マニホールド圧力計が搭載されているかもしれません。1インチ（約2.5センチ）ごとの目盛りで吸気圧を示すものであり、エンジンの出力量を知らせるためのものです。マニホールド圧力計がある場合は、回転速度計の代わりになります（目盛りが1インチで1分間の回転数が100rpmです。たとえば、目盛りが10を指している場合は1分間に1000rpmです）。

スロットル・レバー　速度を制御するだけでなく、機首の高さや地平線との角度も調整します。計器盤と座席のあいだにあり、色は必ず黒です。手前に引くと速度が落ちて降下します。奥に倒せば速度が上がって上昇します。

燃料計　計器盤の下部に配置されています。航空法の規則を順守するパイロットであれば、目的地にたどりつくのに十分な燃料に加えて、30分間は余計に飛行できる量の燃料を積んでいるはずです。飛行機によっては予備の燃料タンクを搭載していますが、だからと言って飛行中にタンクを交換しようとしないこと。軽量な小型機であれば、満タンのタンクで4時間半から5時間は飛行できます。燃料計が半分の位置を指していれば、当然残りの飛行可能時間も半分になります。ただし燃料計は100％正確というわけではなく、経験豊富なパイロットは燃料計の数値を鵜呑みにはしません。燃料計の数値がどうであれ、燃料不足に陥る危険性は常に潜んでいると思ってください。制御不能になってから不時着するような事態を避けるためにも、早急に着陸態勢に入りましょう。

ミクスチャー　計器盤に設置されている赤色のノブ、またはレバーです。パイロットと副操縦士の座席のあいだに設置されている場合もあります。エンジンへの燃料流量を示す計器です。手前に引くと燃料流量を減らし、奥に押しこめば増やすことができます。

オートパイロット　計器盤の下3分の1、通常は操縦桿のすぐ左または右に配置されています。"オン"と"オフ"のスイッチがついていて、"alt"、"heading"、"nav"と書かれたスイッチかボタンがついています。

フラップ　翼の可動部分のことで、飛行機の速度や高度を調整します。非常に複雑な部品ゆえに、扱いにも高度な技術が必要です。速度調整はスロットル・レバーで行いましょう。

4. まっすぐ水平に飛行していることが確認できたら、オートパイロットをオンにする。

ディスプレイに"hold"と表示されるまで"alt（高度）"と記されたスイッチと方位計についたボタンを押します。こうすることで、無線でやりとりをしながら着陸を試みるあいだも、現在の高度と進行方向を維持できます。

5. 着水方法を決めたらオートパイロット機能をオフにして、スロットル・レバーを手前に引きながらエンジン出力を下げる。

ゆっくりスロットル・レバーを引いて機首の角度を少しだけ下げ、飛行機がわずかに前傾姿勢になるように調整します。おおよそ2000フィート（約600メートル）まで高度を下げると、着水地点となる水辺をはっきり目視できるでしょう。

6. 高度計が2000フィートを指したら、操縦桿で機首の傾き加減を調整して水平線と平行にする。

操縦桿での調整がうまくいかない場合は、スロットル・レバーを少しずつ奥に倒してエンジン出力を上げてください。

7. 水面の様子を確認する。

無事に着水させるには、水面が穏やかでなければなりません。着水場所が荒れていると、機体が波の影響を受けてしまいかねません。着水するときは、必ず風に向かって（つまり向かい風で）機体を進行させてください。そうすれば、着水時に波に乗り上げずに済みます。

8. スロットル・レバーを手前に引いてエンジン出力を下げる。

フラップや着陸装置は、波の影響を受ける可能性があるので使用しないでください。高度を100〜200フィート（約30〜60メートル）まで下げます。

9. 回転速度計が1500〜1700rpm、または水銀目盛りの15〜17インチ（約38〜43センチ）を示すまでエンジン出力を下げる。

10. 操縦桿を少しだけ手前に引き、機首を最低でも水平線に対して5〜10度ほど上げる。

プロペラが水に沈んで機体が前方に回転してしまうのを防ぐため、機首を上げての着水となります。機首によって、水平線が完全に見えなくなる角度まで上げておいてください。

11. 着水直前までに、スロットル・レバーが手前（自分の側）にめいっぱい引き戻されているのを確認しておくこと。

この時点で、機体を水面から10フィート（約3メートル）まで下げておきます。

12. 水上5フィート（約1.5メートル）まで下がったら、ミクスチャーを手前に引いて燃料流量を減らす。

ここまで高度が下がったら、高度計ではなくて実際に水面を目視して機体の高さを確かめましょう。

13. 操縦桿を少しだけ引いて機首を上げておくこと。

そーっと着水するように心がけましょう。機体の後方部分から先に水面に触れるようにすること。着陸用の車輪が収納式でない場合は、波の影響を受けて高確率で機体がひっくり返ります。

14. 着水したら、すぐにドアか窓を開けて脱出する。

沈み始めてからでは、ドアや窓を開けられなくなる可能性もあります。ドアが開かない場合は、フロントガラスを蹴り破って脱出してください。

15. 救命胴衣やゴムボートが備えつけられている場合は、飛行機の外に出てから膨らませる。

航空機用救命無線機（ELT）が、レスキュー隊に機体の位置情報を発信し続けているはずです。

もしも飛行機事故に巻きこまれたら

どうにか墜落だけは避けるために

1. なるべく直行便を選ぶ。

事故の多くは、離着陸時に発生します。離着陸の数が少なければ、事故に遭う危険も減らせるというわけです。

2. 空模様を確認する。

事故の多くは、悪天候が原因で起きています。離陸時間が近づいてきたら、特に着陸地点の天候を確認すること。悪天候が予想されている場合は、出発を遅らせることも検討しましょう。

3. 天然繊維製の長袖・長ズボンを着用する。

放射熱や閃光熱傷は、熱源と皮膚のあいだにバリアーがあれば防御可能です。手入れが楽でも、ポリエステル製やナイロン製の衣服は避けましょう。特別に難燃加工されていない限り、合成素材の衣服は約150〜200℃で溶けてしまいます。合成素材は溶ける前に縮む習性がありますので、高温の衣服が皮膚に張りついて深刻な火傷を負う危険性があります。バラバラに引き裂かれた金属や炎の上を歩いて

逃げることになるかもしれないので、爪先の開いていない
頑丈な靴を履きましょう。乗客が命を落とすケースは、多
くの場合、墜落時の衝撃よりも墜落後の火災、煙や有毒ガ
スの吸引などが原因です。

4. 機体の後ろ半分、通路側の座席を選ぶ。

中央から前半分より、中央から後ろ半分のほうが墜落時に
受ける被害が少なくて済む確率が高いです。出口のすぐ隣
りでない限り、通路側の座席が避難に有利だと言えます。
出口のすぐ隣りに座れるのなら、窓側の座席が最も避難し
やすい座席です。

5. 離陸前に行われる緊急時の説明をまじめに聞き、座席から最も近い出口を確認しておく。

航空機事故から生還したほとんどの乗客は説明をまじめに
聞いており、緊急時の脱出方法がしっかり頭に入っていた
そうです。緊急脱出に使用する出口を事前に決めておき、
第1候補が使えなくなった場合に備えて第2候補まで決め
ておきましょう。

6. 機内に煙が充満して視界が奪われても平気なように、出口までの座席が何列あるか数えておく。

ドアの仕組み、開け方を確認しておくこと。

7. シートベルトを外す練習をしておく。

飛行機のシートベルトを外すには掛け金を引くのですが、
間違って中央部分のボタンを押して外そうとする人が多い
ようです。

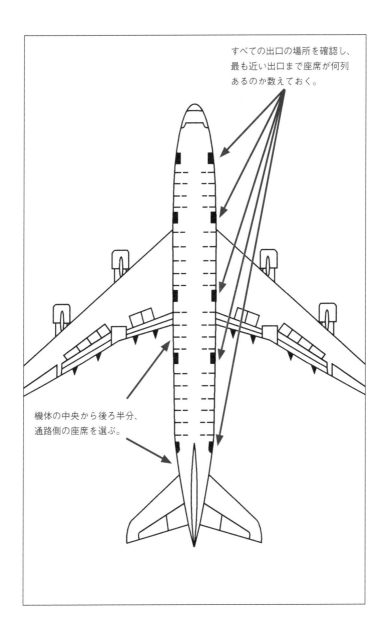

すべての出口の場所を確認し、最も近い出口まで座席が何列あるのか数えておく。

機体の中央から後ろ半分、通路側の座席を選ぶ。

墜落に備える

1. シートベルトがしっかり締まっていること、座席の背もたれが最初の位置まで戻っていることを確認する。

2. 片腕で膝を抱きよせるようにして前傾姿勢になる。

3. 枕を置いた膝に顔を伏せ、もう片方の腕で頭を守る。

4. 足、または膝に力を入れて墜落の衝撃に備える。

   水上に着水する場合はシャツのボタンを緩め（ネクタイも外してください）、泳ぎやすいようにしておきましょう。衝撃は二度くるので、そのつもりでいること。機体が最初に水面に触れた衝撃と、機首が下がって水面に触れる衝撃です。

5. 冷静に、生き抜く覚悟を決める。

   航空機事故の生還者の大半が、自力で、または同乗者の助けを借りて生還しています。直ちに救急隊が駆けつけて助けてくれると期待するのはやめましょう。

6. 手荷物は諦める。

   どうしても諦められないものは、衣服のポケットに入れましょう。荷物を持って避難などしないこと。

7. 火災が発生した場合は身をかがめておく。

   離陸前に聞いた緊急時の説明に従いましょう。床のライトが出口まで誘導してくれるはずです。出口前の通路には赤色のライトがついています。

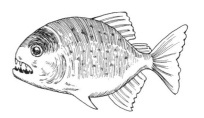

チャプター2

コミュ力勝負

もしも暴動に巻きこまれたら

1. 暴動や混乱の恐れがある場合は、屋外に出ない。

窓に近寄らないこと。ラジオやテレビの報道を確認してください。銃声が聞こえたら、できるだけ発生源を突き止めてください。電話が通じるようであれば、公的機関やホテルの支配人に状況を確認しておきましょう。

2. 危機的状況は避けられない、または命の危険がある場合は、直ちに国外へ脱出する。

3. 空港、または大使館への最適経路を考え、最も安全な出口から建物を出る。

出発前に、空港が機能しているか確かめておくこと。自国の大使館まで行くのが困難な場合は、同盟国の大使館へ避難してください。

4. 目立たない色の服を着る。

長袖のシャツ、ジャケット、ジーンズ、帽子、靴下、そして軽いブーツを着用してください（たとえ熱帯地域などの暑い場所でも飛行機内は冷えますし、空港内で夜を明かしたり、寒冷地で乗り換え便を待つことになったりするかも

しれません）。

5. 銃声のする場所、暴徒のいる場所から離れる。

目立たない場所から外に出てください。窓、通気口、屋根
などからも外へ出られます。

6. 移動は団体行動。

特に、建物の玄関口、広い道路、プラザ（広場）などを横
切る場合は大人数で移動するほうが安全です。スナイパー
などの敵は、1人ではなく複数のターゲットを相手にする
ことになるため標的を定めにくくなります。

7. 走らない。

命に関わる危機が目前に迫っていない限りは歩きましょう。
歩いていれば、目につきにくくなります。人間の視線は、
歩いている人より走っている人に向かうものです。また、
走ることで群衆の興奮を煽り、追いかけられてしまうかも
しれません。

8. 車での移動は慎重に。

主要道路は避けて裏道を通ること。いざとなったら車を乗
り捨てる覚悟を決めましょう。検問所、環状交差点、主要
な交差点、軍事基地や警察署などの動きに注意すること。
何があっても、車を停めないでください。数百キロ以上も
ある車体は、暴徒でも止めることのできない武器になるこ
とを忘れないでください。前進できなければ、後退するの
みです。
地元住民なら、より安全なルートを知っているでしょう。
地元のドライバーやタクシーが見つからない場合は、地元
住民を運転手として雇ってください（報酬として車を差し

出す覚悟で)。

火炎瓶が車に命中したら一気に加速してください。運がよければ消火できます。

9. 道路が封鎖されている場合は、身を守るために交渉する。

生きて帰るために、すべてを差し出す覚悟を決めてください。まずは現金、次に貴重品(腕時計、カメラ、貴金属など)です。

10. 急いで大使館か空港に向かう。

主要道路ではなく裏道を通り、いざとなったら車を乗り捨てる覚悟を決める。空港、または同盟国の大使館を目指す。

[プロの助言]

▶ 暴動などの危険がある地域では、いつでも迅速に避難できるよう備えておきましょ

う。出口付近に、全員分の避難用バッグを用意しておくこと。小さなリュック
が最も理想的です。リュックに詰めておくべき荷物は下記を参考にしてください。

懐中電灯　予備の電池と小型の懐中電灯を用意する。赤色または青色のレンズ
もあれば一緒に入れておく。赤色や青色のライトは、夜間に使用しても敵（ス
ナイパーや暴徒）に見つかりにくいです。

小型のコンパスと詳細な地図　大使館とヘリポートの場所に印をつけておく。

ナイフ　小型のポケットナイフも入れておきましょう。

火をおこす道具　アウトドア用のマッチやライターを、防水性の袋に入れてお
くこと。軽くて燃えやすい、乾いた布も用意しておく。

黒いゴミ袋　緊急避難所やカモフラージュとしても使えます。

飲み水と食料　少なくとも、1人につき約2リットルは必要です。高エネルギー
の食品、またはインスタント食品を用意しましょう。消化は水分を消費します
ので、飲み水がないときは食事も諦めてください。

▶ 体に密着するポケットなどに、下記のアイテムを入れて隠しておきましょう。

現金　日本円と現地の通貨を、複数のポケットに分けて入れておきましょう。
検問所などで賄賂としても使用できます。命を守るために、持ち金がなくなる
まで惜しみなく支払ってください。身分証などの個人情報を売り渡すのだけは
やめましょう。首に装着できるネックポーチに多めに現金を入れてください。
ただし、靴下、股（下着の中）、足首にも同様に現金を隠し持っておくこと。

パスポート　パスポートのコピーを、最も取り出しやすい場所に入れておきましょ
う。本物のパスポートは、別のポケットに入れておくこと。パスポートの提示
を求められたときは、コピーを提出しましょう。何があっても、本物のパスポー
トを人に渡さないこと。

大切な書類　ビザ、電話番号（連絡先）、市民権を証明する書類、出生届などは、
本物のパスポートと一緒に入れておくこと。

柔らかい耳栓　ヘリコプター内部は轟音ですし、紛争地帯で眠るときにも耳栓
は役立ちます。

もしも人質になったら

テロリストは人質を人間ではなく、ただの"もの"として扱うことで力と支配権を行使するのです。テロリストにとって、"もの"と化した人質を乱暴に扱うなど造作もありません。下記の助言に従い、乱暴な扱いや最悪の結果を避けましょう。

1. 平静を保つこと。

周囲の人々も平静でいられるように、手助けをしてあげましょう。覚えておいてください。人質を取っている犯人は極度の緊張状態に陥り、さらに怯えているのです。これ以上、刺激してはいけません。犯人から話しかけられたとき以外は声をかけないこと。

2. テロリストが発砲したら、頭を下げて床に伏せる。

床に腹をつけて体を伸ばします。可能であれば壁の後ろに隠れてください。しかし、あまり遠くまで移動しないこと。逃亡、または反撃を企んでいると犯人に勘違いされてしまいます。調度品では銃弾から身を守るには不十分です。相手が大口径の銃を持っていたら、なおさら無意味です。

３．急な動作、不審な行動は慎む。

財布、パスポート、チケットなどの持ち物を隠そうとして
コソコソしないこと。

４．要求に従う。

ためらいを見せると、その場で殺されてしまうかもしれませ
ん。そうでなくても、あとで報復されたり、見せしめに
選ばれたりする危険もあります。警戒を怠らないこと、そ
して逃亡の計画を立てたり、英雄になろうとしたりしない
こと。「手を頭の後ろで組め」、「頭を下げていろ」、または
「別の体勢を取れ」などと言われたら、おとなしく従いましょ
う。しんどい体勢であったとしても、許可なく動いてはい
けません。気分を落ち着かせるために、自分に話しかける
といいでしょう。その体勢で長時間をすごさなくてはなら
ない可能性もあります。苦しい状況を乗り越えるため、精
神面と感情面を整えておくことです。

５．テロリストを直視しない。指示されない限り話しかけ
ないこと。

何かある場合は手を挙げて、礼儀正しく接しましょう。質
問に答えるときは丁寧さを心がけながらも、服従しないよ
うに気をつけてください。落ち着いた声で話すこと。

６．挑発しない。

テロリストは見せしめの犠牲者を探しているものです。反
抗的な態度を取れば、見せしめに殺されてしまうこともあ
るでしょう。

7. テロリストの性格や行動を慎重に観察する。

頭の中で、彼らに呼び名をつけましょう。そうすることで、解放後に犯人を特定する助けになります。服装、アクセント、顔の特徴、背丈など、外見上の特徴を記憶しておくと、捜査の助けになるでしょう。

8. ハイジャックに遭遇した場合は、最も近い避難口を確認しておく。

出口まで座席が何列あるのかを数えておきましょう。緊急救助の際には煙で視界が遮られることもあります。一刻も早く、飛行機の外へ出られるようにしておかなくてはなりません。機内が煙で充満しても、床や座席にはLEDの誘導灯が設置されています。ただし、ハイジャック犯による大虐殺が確実だという状況になるまでは、逃げようとしないこと。

9. 救援隊が機内へ入ってきたら、身をかがめてじっとしておく。

銃撃戦が繰り広げられるかもしれません。急に動くとテロリストの注意を引いたり、救援隊に誤って狙撃されたりする危険があります。

10. 事件解決時に救援隊に自らの名前と、誰がテロリストなのかを伝える。

テロリストの中には、人質を装って逃げようとする者もいます。

［プロの助言］

▶ テロリストに格好の餌食だと思われるのを避けるため、人の多い場所でパスポートを取り出さないこと。

▶ 空港、駅、バス乗り場、高級ホテルのロビー、裕福な観光客が訪れる店などでは特に警戒しましょう。内戦やゲリラ活動の場合は、ほとんどが自国民を標的とするため観光客は比較的安全です。対してテロリストは、最も注目を集められる場所を標的に選ぶのです。

▶ 遊歩道、有名な歴史的建造物、パレードの通り道、屋外マーケット、コンサート会場など、多くの人が集まる場所はテロリストの標的になりやすいです。

もしも賄賂が
必要になったら

**1. 役人ともめた場合は、よそよそしい態度より親しげな
態度が効果的。**

不安そうにしたり、無愛想になったりしないでください。
冷静さと穏やかさを失わないこと。本当に何かしらの問題
があるのか、それとも大きな声では言えない代価を求めて
いるのかを見極めましょう。

2. あからさまに賄賂を申し出ない。

相手の意図を読み間違えていた場合、賄賂を申し出たこと
で余計な問題まで発生してしまいます。

**3. 違反行為で訴えられたら、その場で違反金の支払いを
申し出る。**

あとから郵送での手続きを行ったり、別の場所に移動した
りするのは嫌だと言いましょう。違反金を支払っても不当
に使われてしまうのが怖い、支払うべき人に直接支払いた
いのだと訴えましょう。

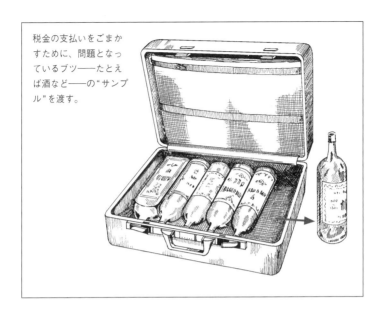

税金の支払いをごまかすために、問題となっているブツ——たとえば酒など——の"サンプル"を渡す。

4. 1人の役人とのみ話すようにする。

責任者っぽい人物と話すようにしましょう。上司がいるのに部下に賄賂を持ちかけてしまうと、上司がさらに高額な支払いを命じてくる場合があります。

5. あくまで"寄付"だと言い張る。

相手のガソリン代、制服代、車の修理代、労力、その他もろもろのために、ぜひとも支払わせてくださいと伝えましょう。

6. 現金の持ち合わせがなければ、物品で取り引きする。

腕時計、カメラなどの電子機器は賄賂としても人気の高い品です。場合によっては、物品は現金よりも効果的な賄賂となることがあります。その物品自体がトラブルの原因と

なっている場合です。たとえば税関の職員が「酒の持ちこみが多すぎる」と言ってきた場合には、その酒を数本差し出すことで、スムーズに旅を続けられる可能性があるというわけです。

[プロの助言]

▶ 財布には少額の現金を入れておき、残りは別の場所に隠しておきましょう。身ぐるみ剝ごうとするタチの悪い役人に出くわしても、これなら安心です。

もしも詐欺師に
遭遇したら

詐欺師にはあらゆるタイプの人間がいます。詐欺被害に遭わないためにも、その手口を熟知しておく必要があります。ここでは詐欺の手口と防御法を一緒に紹介していきます。

荷物泥棒の手口

空港で多発する犯罪は、多くの場合が2人組です。1人目の詐欺師が、金属探知機に並ぶあなたの前にいます。あなたはX線機器に通すため、手荷物をベルトコンベアに乗せます。すると、2人目の詐欺師が列に横入りしてきます。しかも、ポケットには大量の小銭や金属がジャラジャラ。あなたはその人がポケットの中身を出し終え、さらに何度か金属探知機に引っかかりながらも通過するのを待ちます。そうこうしているうちに、1人目の詐欺師があなたの手荷物を我が物顔で奪って立ち去ります。やっと自分の番がきたと思っても、手荷物はおろか、2人組の詐欺師も消えているのです。

詐欺に遭わないために

1. 他人が間違えようのないくらい特徴的なバッグを持つ。

2. 手順を把握しておく。

列の並び方は、国によって異なるでしょう。並びながら相手を押したり、小競り合いが頻発したりする地域では詐欺も横行しやすいはずです。

3. 貴重品から目を離さない。

体の角度を調節して、X線機器の先まで注視しておくこと。

4. 手荷物をベルトコンベアに乗せたあとは、誰にも横入りさせないこと。

5. 荷物から目を離さず、警備員や税関職員にも毅然とした態度を取る。

6. 複数人で行動している場合は、あえてバラバラになって列に並ぶ。

友人同士でも離れて列に並び、大半の貴重品を最後尾の人物に託します。最初に列を通過した人は、最後まで手荷物の行方を確認しておくこと。

パスポートとクレジットカードの
不正コピーの手口

トラベラーズチェックで支払いをしたいと店側に伝えると、署名が一致しているか確かめるためにパスポートの提示を求められます。すると店員は、署名が一致していないので身元確認としてパスポートとクレジットカードのコピーが必要だと主張します。そこで個人情報を盗み、後日不正に

クレジットカードを使用するというわけです。

なお日本では、2014年3月末でトラベラーズチェックの新規発行は終了となっています（2023年10月時点）。

詐欺に遭わないために

1. トラベラーズチェックへの署名は、常に店員の目の前で行う。

   目の前で署名して、偽造だと主張できなくしてやりましょう。

2. クレジットカードやパスポートは絶対にコピーさせない。

3. 現金で支払うか、さっさと店から出る。

段ボール・チルドレンの手口

子供の集団（6〜10人程度が主流）に取り囲まれ、小銭をくれとせびられます。行く手もふさがれ、小銭やお菓子を恵んでほしいと大声でねだってきます。そのあいだに、段ボールを体に押し当ててきます。大きな声で気を引き、段ボールで体の感覚を鈍らせているうちに、小さな手でポケットやカバンをあさるのです。どんなに長くても、詐欺に要する時間は数秒です。子供たちは突如としてバラバラの方向に走り出し、盗んだ貴重品を持って逃げていきます。たとえ盗まれたと気づいたとしても、どの子を追いかけるべきなのか見当もつかないでしょう。

詐欺に遭わないために

1. 1人旅の最中にこのような集団を見かけたら、すぐさま人の多い場所に移動する。

近くの店やレストランに入ってください。

2. 逃げこめる場所がなければ、財布を手で握って盗まれないようにする。

あらかじめ、複数のポケットに現金を分けて入れておくのも効果的です。

3. 力の限り叫ぶ。

[プロの助言]

▶ マネーベルトやウエストポーチは財布よりも安全に貴重品を持ち歩けますが、手慣れたスリが相手だと切られて盗まれてしまいます。ウエストポーチは、どんなときでも体の前にくるように着用すること。おしりを守るためのバッグではありません。

▶ パスポートはホテルの金庫に保管し、コピーを持ち歩きましょう。原本を持ち歩かなければならないときは、バッグのポケットに入れて安全ピンで口を閉じておくこと。

もしもUFOに誘拐され
そうになったら

1. パニックに陥らない。

地球外生命体（別名：EBE）は、あなたが感じている恐怖を感知し、よくない結果を招くかもしれません。

2. 思考をコントロールする。

暴力的なことや不快なことを考えないようにしてください。地球外生命体に思考を読み取られるかもしれません。"地球外生命体による誘拐"に関する想像をしないこと（空飛ぶ円盤に乗せられるとか、おしりの穴を徹底的に調べられるとか）。余計に「誘拐してやろう」と思わせてしまうかもしれませんよ。

3. 拒絶の意思を言葉で伝える。

「やめてくれ」ときっぱり伝えましょう。

4. 拒絶の意思を心の中で伝える。

真っ白な光の中でシールドに守られている自分の姿、または安全な場所を思い描いてください。相手にテレパシー能力があれば、読み取ってくれるはずです。

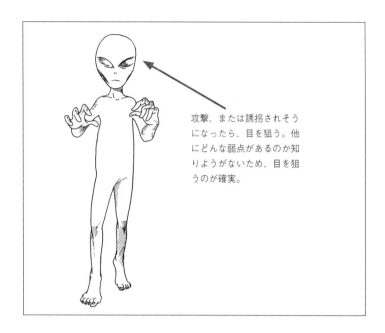

攻撃、または誘拐されそう
になったら、目を狙う。他
にどんな弱点があるのか知
りようがないため、目を狙
うのが確実。

5. 拒絶の意思を体で伝える。

体を使っての抵抗は、最後の砦に取っておくこと。地球
外生命体の目を狙って攻撃しましょう（目があればの話で
すけれど）。他にどんな弱点があるのか、知りようがない
ですから。

もしもUFOを目撃したら

1. 冷静になる。

驚いたり興奮したりすると、大切な情報を忘れてしまいま
す。

2. おおよそで構わないので、出現した時間、飛行パターンに変化が見られた時間、見えなくなった時間を記録しておく。

できるだけ機械式のストップウォッチを使用してください。電子機器だと、UFOの接近により誤作動を起こす可能性があるためです。

3. UFOが飛行した道筋をメモする。

目撃した位置に印をつけ、最初に進んだ方向、その後の進行方向、消えていった場所を図解しておく。

4. UFOの位置を示す目印を探す。

5. ビデオやカメラがあれば撮影しておく。

映像だろうと静止画だろうと、UFOだけでは真実味に欠けてしまいます。木や山、または地平線なども一緒に画像に収めておくことが重要です。

6. 直ちに報告する。

The UFO Reporting and Information Service、the Mutual UFO Network、National UFO Reporting Center（https://nuforc.org）などに連絡してください。

［プロの助言］

▶ 目撃情報の多くが明るい都会から離れた農村部であり、軍事施設の近隣です。特に多いのが夏季の夜9時頃で、次に多いのが深夜3時頃です。

もしも路上強盗に
狙われたら

1. 命が危険に晒されていない限り、強盗に逆らったり反撃したりしないこと。

強盗の狙いがバッグや財布や貴金属であれば、おとなしく渡してしまいましょう。命より大切なものなどありません。

2. 強盗が危害を加えようとしていることが確実な場合は、急所を狙って反撃する。

最初の一撃で相手をぶちのめす方法。

- 思いきり目を突く。
- 膝で股間を蹴りつぶす（強盗が男の場合）。
- 強盗の睾丸を、ブドウのように手で握りつぶす（強盗が男の場合）。
- 親指と人差し指のあいだ、または手の小指側を使って強盗の喉を手刀でまっすぐ、思いきり攻撃する。
- 強盗の横っ腹、あばら骨の辺りに肘鉄をくらわす。
- 足の甲を思いきり踏みつぶす。

3. その辺にあるものを武器にする。

急所を狙えば、その辺にあるものでも立派な武器になります。簡単に拾えるものを武器にしましょう。

- 枝を使えば、強盗の目や股間をつぶせます。

- 指のあいだに鍵をはさめば、切りつけたりパンチの威力を上げたりできます。
- 車のアンテナを折れば、強盗の顔を傷つけたり、目に突き刺したりできます。

もしも泥棒を追跡することになったら

1. 盗みを働いた泥棒を追跡することになったら、まず自分の外見を変える。

上着は脱いでください。下にTシャツを着ているなら、シャツも脱いでください。帽子やサングラスを外す、または着用してください。とにかく泥棒にバレないことが重要です。

2. 追跡中の人物を注視しない。

さりげなく視界に入れつつ尾行しましょう。絶対に目を合わせないこと。

3. 泥棒の特徴を記憶しておく（服装、歩き方、身長、体の大きさなど）。

しっかり特徴を記憶しておけば、人混みの中でも（もしくは視界から外れてしまっても）見失わずに追跡できます。

4. 十分な距離を空ける。

泥棒の後ろにぴったり張りつくようなマネはやめてください。少なくとも10メートルは離れるか、道路をはさんで追跡してください。

5. 泥棒が店に入っても、一緒に入っていかない。

外に残ったまま窓から様子をうかがうか、少し離れた場所で待ちましょう。すぐに出てこない場合は、裏口を確認すること。

6. 泥棒が目的地についたと確信したら、警察に通報する。

１人で泥棒に立ち向かうのは危険です。携帯電話を使用するか、店の電話を借りて通報してください。位置情報と、泥棒の特徴を伝えましょう。

[プロの助言]

▶ 多くのスリには、お決まりの行動パターンがあります。実際に盗んだ人物が、すぐさま別人に財布を渡して追跡を免れようとします。そして、その別人もまた別の人物に財布を渡します。可能であれば、実際に盗みを働いた人物を追跡してください。財布を持っていないかもしれませんが、最終的に受け渡された人物のもとまで導いてくれる可能性があります。

もしも尾行されたら

車に乗っている場合

1. 本当に尾行されているのか確かめる。

尾行されていると感じたら、移動を続けながら相手を観察します。ずっとついてくるようであれば、3〜4回連続で角を曲がってもついてくるかどうか確認してください。最後は、直前になってウィンカーとは逆方向に曲がってみてください。それでも同じ方向に曲がってくるか確認しましょう。

2. 尾行されていると確信したら、高速に乗るか、通行車両の多い道に移動する。

自宅、人の少ない場所、路地などは避けてください。他の車がたくさん走っている道路のほうが尾行を振りきりやすいです。

3. 法定速度ギリギリ、または少し遅めで走る。

すぐに（尾行している車とは別の）車が追い抜こうとするはずです。そのとき、少しだけ速度を上げて追い抜こうとした車を後ろに入れます。低速で走りすぎて、本当に追い抜かれないように注意してください。

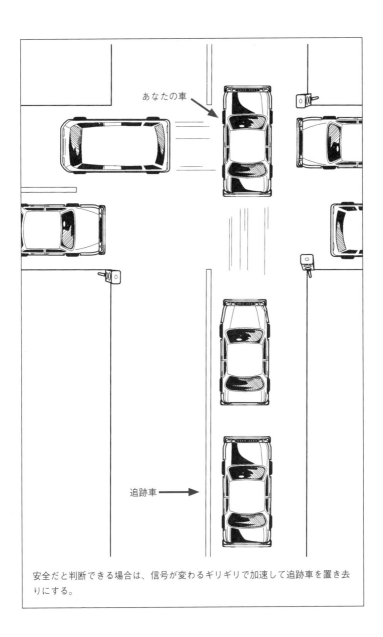

あなたの車

追跡車 →

安全だと判断できる場合は、信号が変わるギリギリで加速して追跡車を置き去りにする。

4. 交通量の多い交差点で速度を落とし、信号が変わる直前に加速して追跡車を置き去りにする。

    追跡車は、赤信号に引っかかるでしょう。信号無視で警察の注意を引ければ、より効果的に追跡車を追い払えます。

5. 通行車両の多い道路にいる場合は高速を降り（高速を走行中だと仮定して）、急な方向転換を繰り返して追跡車を遠ざける。

    どんどん追跡車との距離が開いていくはずです。

6. 追跡車を振りきったら、駐車場、ガレージ、ショッピングセンターなどの車がたくさんある場所に停車する。

7. それでも尾行してくるようであれば、警察署に行って助けを求める。

徒歩の場合

1. 尾行されていると確信したら、相手の特徴を記憶する。

    行き先を決めずに歩いてください。突然曲がったり、後戻りしたり、Uターンしたりしてみてください。ただし、迷子にならないように気をつけること。追跡者の特徴を覚えておきましょう（服装、歩き方、身長、体の大きさなど）。

2. 追跡者から目を離さない。ただし、目を合わせないこと。

    ショーウィンドウなどの反射を利用して、追跡者を確認しましょう。手鏡を持っている場合は、それを使ってください。

3. 人混みに紛れる。

自宅、人の少ない場所、路地などは避けてください。

4. 尾行されていると確信したら、下記の方法で振りきる。

- 店やレストランに入って、裏口から出る。多くのレストランは厨房に出入り口があります。
- 映画のチケットを購入し、上演開始後に劇場に入る。追跡者が追ってくる前に、非常口から外に出る。
- 公共交通機関を利用し、バスや電車のドアが閉まる直前に乗る。

5. それでも尾行してくる場合は、警察署へ行くか、人の多い場所から通報する。

確実に尾行をまいたと確信できるまで、自宅には帰らないでください。

[プロの助言]

▶ 追跡者が危険人物ではないと確信できる場合のみ、周囲に人がいる場所で対峙するのも１つの手です。尾行には気づいていると伝え、目的を聞き出してください。繰り返しますが、相手が危険人物ではないと感じたときのみ実行してください。

とにかく逃げまわれ

もしも屋上から屋上へ
飛び移らなきゃ
ならなくなったら

1. 余裕があれば、障害になりそうなものを確認しておく。

建物間の距離だけでなく、壁や側溝などの障害物にも注意すること。

2. 飛び移る建物をチェック。

着地してから、受け身を取って転がるスペースが確保できる建物を選んでください。飛び移る建物が今いる建物より低い場合は、おおよそで構わないので高低差を目算しておくこと。建物間に1階分以上の高低差があると、着地したときに足を骨折する危険があります。高低差が2階分以上になると、背骨を折る危険性が高まります。

3. 建物間の距離を目算する。

ほとんどの人は、どれだけ助走をつけても3メートル以上は飛べません。飛び移る建物が3メートル以上離れている場合は、壊滅的な重傷を負うか、最悪の場合、命を落とす危険があります。長距離を飛び越えて屋上に着地するか、ギリギリで柵や飛び出た部分などにつかまらなければ負傷

は避けられないでしょう。高い建物から低い建物へ飛び移る場合は、落下していても前に進み続けようとする力が働きます。そのため、着地するスペースにはそれなりの余裕が必要です。約4メートルあれば問題ないでしょう。路地をはさんだ建物間ぐらいなら飛べるでしょうが、2車線道路をはさんだ建物間を飛び越えるのは不可能です。

4. 踏み切り地点と着地点を決める。

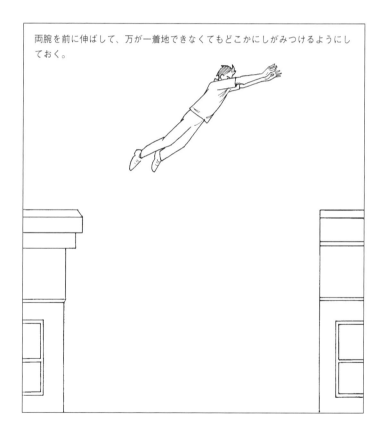

両腕を前に伸ばして、万が一着地できなくてもどこかにしがみつけるようにしておく。

5. 屋上の端に向かって**全速力**で走る。

全速力で助走をつけなければ、長距離は飛べません。約3
メートルの距離を飛び越えるには、約12〜18メートルの助
走が必要です。

6. 飛ぶ。

体の重心を前方向に傾けておくこと。飛距離が足りなかっ
たとしても、壁や柵、屋上のへりなどにつかまりやすくな
ります。両腕を前方に伸ばして、いざというときにつかま
れるようにしておくこと。

7. **両足で着地するように心がけ、着地したらすぐに首を**
すくめて横向きに転がる。でんぐり返しのように、縦
方向に転がらないこと。

車から飛び降りるわけではないので、頭から縦に転がって
も大きな危険はありませんけどね。

もしも走行中の列車から飛び降りることになったら

1. 最後尾の車両へ移動する。

移動できない場合は、車両の連結部分から飛び降りましょう。ドアが開くようなら、ドアからでも構いません。

2. 時間に余裕があれば、カーブで速度を落とすタイミングを待つ。

うまくジャンプと着地を決めれば、高速で走る列車（時速約100キロ以上）から飛び降りても命を落とすことはないでしょうが、列車の速度が遅ければ遅いほど生存率は上がります。

3. ブランケット、衣類、座席のクッションなどを服の下に詰めこむ。

手元にあれば、厚くて頑丈な上着を着てください。ベルトを使って、頭部にクッションなどを巻きつけてください。ただし、視界を遮らないように注意すること。膝、肘、腰も同様に保護しておく。

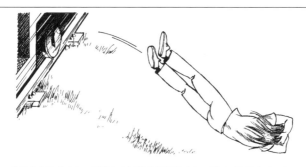

着地点を決めたら、列車から可能な限り遠くまで飛ぶ。頭を守ること。

全身が同時に地面に触れるように着地する。

頭を守りながら、丸太のようにゴロゴロ転がる。

4. 飛び降りる前に着地点を決める。

なるべく柔らかくて、障害物のない場所を選んでください。
木、茂み、そしてもちろん岩などは避けること。

5. 車体から遠く離れた場所まで飛べるように、できるだけ姿勢を低くして膝を曲げる。

6. 列車から遠くまで垂直に飛ぶ。

最後尾から飛び降りる場合でも、列車に対して垂直に飛び
出すこと。前方に進み続ける力が働きますが、車輪や線路
に巻きこまれずに済みます。

7. 腕と手で頭を守りながら、丸太のように転がる。

足から着地しようとしないでください。体をまっすぐ伸ば
して、全身が同時に地面に触れるように着地すること。こ
うすることで、広範囲のダメージを軽減できます。足から
着地すると、高確率で骨を折ります。何があっても、でん
ぐり返しのようには転がらないこと。

もしも車ごと崖から落ちそうになったら

1. 体重移動や、急な動作を避ける。

2. 残り時間を計算する。

よくある乗用車であれば、フロント部分にエンジンを搭載した前輪駆動車でしょう。つまり、車両の重さの大半が前方に集中しているということです。車の前方部分ではなく、後方部分が崖から迫り出している場合は、車内から脱出するだけの猶予は残されているはずです。しかし前方部分が迫り出している場合は、慎重な状況判断が求められます。車の角度は？　シーソーのようにゆらゆらしているのか？体重移動をすると車体が揺れるか？　車が傾いているようなら、直ちに脱出しなければ危険です。

3. 前方、後方のどちらが迫り出していようと、フロントドアの外が地上なら、そこから脱出する。

慎重にドアを開けて、ゆっくり車から出てください。

4. フロントドアが崖の外に出ている場合は、後ろのドアから出る。

とにかく慎重に動くこと。飛んだり、急に動いたりしない

フロントドアが崖の外に出ている場合は、慎重に移動して後ろのドアから出る。

でください。ハンドルロックかスクリュードライバーなどの工具があるなら持っていきましょう。脱出の際に必要になるかもしれません（手順6参照）。

5. 今の状況を確認する。

後ろのドアを開けたとき、車体が滑り落ちる可能性があるか確認してください。大丈夫そうならゆっくりドアを開けて、すばやく脱出しましょう。

6. 後ろのドアを開けたら車体が落下する可能性がある場合は、窓を割って脱出する。

体重移動や車体の揺れに注意しながら、ハンドルロックかスクリュードライバーを使って後部座席のサイドウィンドウを粉砕してください（リアウィンドウを割って脱出するよりも動きが少なくて済むので安全です）。窓の中心を殴打してください。窓は安全ガラスですので、ケガをする心配はありません。

7. すばやく脱出する。

[プロの助言]

▶ 複数人が同乗している場合は、車内の全員が同時に1歩ずつ動くこと。

▶ 助手席、後部座席の両方に人が乗っている場合は、崖っぷちに最も近い人から脱出する。

もしも体を
拘束されたら

胴体を拘束された場合

1. 犯人が体を拘束している最中に、可能な限り体を大きく膨らませておく。

  ● 大きく息を吸う、胸を膨らませる、肩を上げるなどの動きで体を大きくします。
  ● 腕を広げる。
  ● 拘束具を思いきり押す。

2. 犯人がいなくなったら、体を縮める。

3. 拘束が緩まったら、小刻みに体を揺らして拘束を解く。

手、または手首を拘束された場合

1. 拘束されている最中に、拘束具を押したり、手首を曲げたりしておく。

2. 可能であれば、両手首は離しておく。

3. 壁などから飛び出ている突起物(釘やフックなど)を利用して拘束具を切る。

   ヒモで結ばれている場合は、歯で嚙んだり結び目を緩めたりできます。

4. 手と手首の力を抜いて、拘束具を手のひらと指先から滑り落とす。

足を拘束された場合

1. 拘束されている最中に、太もも、膝、ふくらはぎ、足首に力を入れて少し離しておく。

   ● 足首で拘束された場合は、爪先や膝をぎゅっとくっつけて足首のあいだに隙間を作りましょう。

   ● 太ももやふくらはぎで拘束された場合は、爪先をぎゅっとくっつけてO脚のようにして隙間を作りましょう。

2. 足の力を抜いて拘束具を緩める。

   手を使って拘束具を脱ぐように足首から落とします。手を縛られていても、これくらいはできるはずです。

猿ぐつわを外す

壁や家具など、何でもいいので顔をこすりつけて外しましょう。

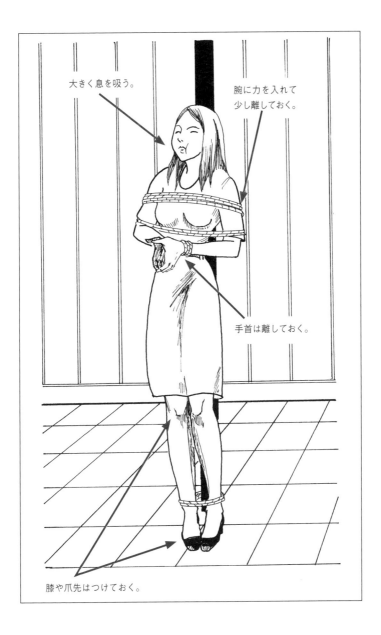

大きく息を吸う。

腕に力を入れて
少し離しておく。

手首は離しておく。

膝や爪先はつけておく。

もしもバリケードを
ぶち破らなきゃ
ならなくなったら

1. バリケードの弱点を見極める。

開閉部分、または鍵がついている部分が最も弱い箇所です。
バリケードやゲートによっては鍵のないものもあるでしょ
う。その場合は電気モーターか磁力によって開閉を行って
いるので、強引にぶち破るよりも、ゆっくり力をかけて押
し開けるほうが効果的です（次ページの「電子ゲートの場
合」参照）。

2. 弱点を突く。

理想は、車ごとバックで弱い箇所に突っこむことです。前
方から突っこむとエンジンが破損して車が使えなくなる可
能性があるのでやめましょう。

3. 時速約50〜70キロまで加速する。

速すぎても、車に不要なダメージを与えてしまいます。ア
クセルペダルから足を離さないでください。バリケード突
破後に引き返したり停まったりするのに必要な距離を計算
しながら突っこみましょう。

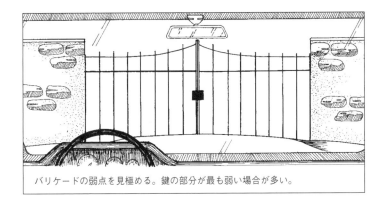

バリケードの弱点を見極める。鍵の部分が最も弱い場合が多い。

4. 見上げるほど大きなバリケードやフェンスに突っこむ場合は、衝突の瞬間に身をかがめて頭部を守る。

バリケードの破片が飛んできて窓やフロントガラスが割れる可能性があります。

5. 柱や支柱など、地中に埋まっている部分は避ける。

曲がるだけで折れない可能性があります。車で引きずってしまい、車体の側面を損傷して走行不可能になるかもしれません。

6. 突破できるまで繰り返す。

電子ゲートの場合

電子ゲートは、突進するより、ゆっくり進みながら押し開けていくほうが簡単です。そのままゆっくり押し開けましょう。ゲートを閉める力より車のほうが強いので、簡単に開けられるはずです。

もしも車のトランクに 閉じこめられたら

1. 後部座席とトランクを遮る壁がない車の場合は、後部 座席の背もたれを倒す。

背もたれを折りたたむためのレバーは助手席についている ことが多いですが、トランク側から折りたたんだり下げた りもできるはずです（無理なら手順2へ）。

2. カーペット、または内張りの下にある幹線ケーブルを 探す。

新しい車であれば、トランクを開けるレバーは運転席の座 席下についています。このレバーにつながるケーブルが、 トランクから伸びているはずです。カーペットや内張り、 または金属板金の裏にあるケーブルを探してください。見 つけたら引っぱってトランクを開けます（これも無理なら 手順3へ）。

3. トランク内に工具がないか探す。

トランクの下、またはスペアタイヤと一緒に緊急用の工具 を積んでいる人が多いです。スクリュードライバー、懐中 電灯、バールなどが入っているはずです。スクリュードラ イバーかバールでトランクの隅に隙間を開けたら、叫んだ り手を振ったりして通行人に助けを求めてください（工具

がなければ手順4へ)。

4. ワイヤーを引っぱったり押したり蹴ったりして、ライトを解体する。

ライトがあった部分に穴が開くので、そこから通行人や別の車に助けを求めてください。車が走行中で、後続車に助けを求める際にも効果的な方法です。

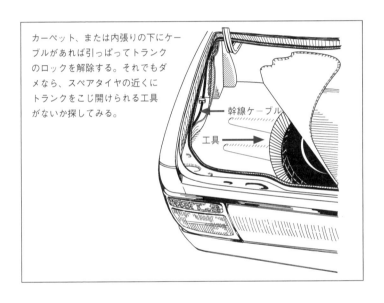

カーペット、または内張りの下にケーブルがあれば引っぱってトランクのロックを解除する。それでもダメなら、スペアタイヤの近くにトランクをこじ開けられる工具がないか探してみる。

幹線ケーブル

工具

[プロの助言]

▶ トランクは密閉されないので窒息する危険性は低いです。落ち着いて呼吸して、パニックにならないようにしてください。パニックに陥ると過呼吸になって気絶してしまう恐れがあります。ただし、気温が高い日の車内は60℃以上になる場合もあると覚えておいてください。早急に、でも冷静に行動しましょう。

もしも線路に落ちたら

1. 時間に余裕があると確信している場合以外は、ホームによじ登ろうとしない。

電車が迫っていたら、そんなことをしている余裕はありません。

2. 線路に近い場所や、赤と白のテープや線で印がつけられている壁の近くは避ける。

電車がきわめて近くを走行するという意味の印です。避難できるほどのスペースはありません。こうした場所では、数メートル間隔で壁にくぼみがあるはずです。体がしっかり収まる大きさのくぼみなら、電車が通過しても安全です。

3. 線路と壁の距離が近い場合は、壁と電車のあいだに立っていられるだけの余裕があるか確かめる。

45〜60センチほどの隙間があれば大丈夫でしょう。電車に引っかかる恐れのある装飾物や衣服やバッグなどは取り外してください。まっすぐ、動かずに電車のほうを見て立っていてください。電車はあなたの数センチ先を通過していきます。

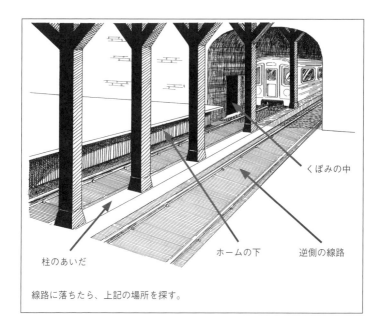

くぼみの中

柱のあいだ

ホームの下

逆側の線路

線路に落ちたら、上記の場所を探す。

4. 線路がホームのあいだに設置されていて逆側の線路が見えている場合は、反対側の線路に逃げる。

逆側からも電車は来るので注意すること。第三軌条（走行レールの脇に敷かれた電流の流れている線路）はまたいで渡ります。枕木は割れてしまう恐れがあるので乗らないこと。

5. ホームとホームのあいだに支柱が並んでいる場合は、そこに逃げる。

電車に引っかかる恐れのある装飾物や衣服やバッグなどは取り外してください。まっすぐ、動かずに立っていてください。

6. ホームの下に逃げこめるだけのスペースがあるか確認する。

ホームによって構造が異なるため、これは最終手段です。日本のホームの下には、落下したときに一時避難できるスペースがあります。このスペースへ避難して身の安全を確保するようにしましょう。

［プロの助言］

上記の方法では助からない場合、あと2つだけできることがあります。

▶ ホームの先端まで突っ走る。ホームより先に電車は停まらないので、ひかれる心配はありません。
　ホームの近くを走行する電車は各ホームで停車する可能性が高いです（急行などの電車は、ほとんどの場合は中央の線路を走行します）。電車よりも速く走り、ホームより先まで逃げれば安全です（接近中の電車が各駅停車でなければ走っても無駄なので、イチかバチかです）。

▶ 線路のあいだのコンクリートにくぼみがあれば、そこに横たわってください。
　電車の下には、人間1人が逃げこめる程度の余裕があるはずです。これは完全に最後の手段です。電車の下に何かが付着している可能性だってありますし、そもそも余裕なんてない場合だってあります。

もしもエレベーターが急降下したら

1. 床に寝そべる。

専門家によって意見が割れていますが、その中でも最も効果的だとされるのがこの方法です。横たわることで衝突時の衝撃を緩和し、体の一部にのみ負荷がかかるのを防ぎます（そうでなくても、立っていられないと思いますが）。エレベーターの中央に横たわるようにしましょう。

2. 天井が崩壊して落ちてくる危険があるので、顔と頭部を守る。

[プロの助言]

▶ 油圧式のエレベーターは、ケーブル式のエレベーターよりも落下の危険性が高いです。油圧式のエレベーターはガソリンスタンドにあるような車用のジャッキに似た巨大なピストンで動いています。ジャッキは錆びやすく腐食しやすいので、落下事故を起こしやすいのです。油圧式のエレベーターは高さがおおよそ20メートルほどありますので、落下すれば大ケガは免れません。ですが、死ぬことはまずありませんのでご安心を。

▶ エレベーターには多くの安全装置が装備されています。落下事故による死亡件数は、ほんの数件しか報告されていません。ケーブル式のエレベーター（牽引

式でも同様です）が最下層まで落下するのはきわめてまれです。昇降路内の圧縮された気柱とカゴの底に設置された緩衝材が衝撃を吸収してくれるので、万が一のことがあったとしても命は助かるでしょう。

▶ エレベーターが地面に激突する瞬間にジャンプをしても無意味です。その瞬間に完璧なタイミングで飛び上がれる確率は、限りなくゼロに近いです。そもそも、エレベーターが地面に激突したら乗っているカゴごとぐしゃぐしゃにつぶれてしまうので、ジャンプの最中だろうが立っていようが巻きこまれてつぶされます。

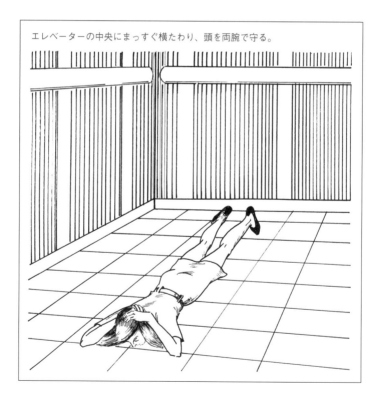

エレベーターの中央にまっすぐ横たわり、頭を両腕で守る。

外をふらふら

もしもジャングルで
遭難したら

文明社会への戻り方

1. 川を探す。

   動物の足跡などの痕跡をたどれば、水辺を見つけられるで
   しょう。水辺はジャングルをさまよう際の手がかりであり、
   最短距離で文明社会に戻れることが多いです。

2. 次ページを参考にして、即席のいかだを作る。

3. 流れに身を任せて下流へ向かう。

4. 川を下るのは日中のみ。

   ワニの多くは夜行性です。夜間に川に入るのはやめましょ
   う。

5. 村や居住地を注意深く探す。

   ジャングルにある村や居住地の多くは川沿いに集落を構え
   ています。

いかだの作り方

2枚の防水シートかポンチョ、葉っぱ、2つの大きな苗木、ロープか植物のつるを用意する。

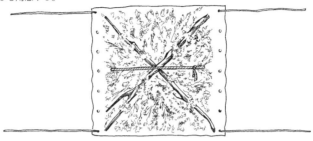

防水シートの四隅をロープで結ぶ。葉っぱを約45センチの厚みになるまで敷きつめる。その上にXを書くように苗木を置く。

Xの上に、さらに約45センチの厚みに葉っぱを敷いてギュッとかためる。4辺の防水シートを折り曲げて葉っぱがこぼれないようにしっかり巻き、対角線にロープか植物のつるで縛る。

もう1枚の防水シートを地面に広げる。さきほど作ったいかだの、開いているほうを下にして防水シートの中心に乗せる。図のようにしっかり結ぶ。いかだに乗るときは、結び目を上にすること。

食料と飲み水の見つけ方

1. 水を浄化する方法(137ページ参照)がない場合は、水を
   たくわえた大きなつる性の植物、またはバナナの木を
   切ってあふれてくる水を溜めてください(135ページ参照)。

   渓流や川の水を飲むのは、脱水症状で死が目前に迫った場
   合のみにしてください。高確率で下痢になって余計に水分
   を失います。さらに移動する体力まで奪われます。

2. 皮をむいたり、調理したりできないものは食べない。

   鮮やかすぎる色彩のものや、ミルクのような液体が出てく
   る植物は食べないこと（高確率で毒があります）。
   昆虫や幼虫、魚などは食べても比較的安全です（鱗ではな
   く、硬い毛のようなものやトゲに覆われた魚は例外です）。
   腐った丸太や植物の下に隠れている昆虫や幼虫を探しま
   しょう。頭をちぎって、そのまま食べられます。果物は、
   しっかり皮をむいて食べましょう。バクテリアが原因で下
   痢を引き起こす可能性があります。

陸地を移動する場合

1. 草木を折ったり、ひっくり返したりしておきましょう。

   多くの葉っぱの裏側は明るい色をしているので、同じ道を
   引き返す際の目印になります。

2. 悪天候に備えて身を隠せる場所を探しておく。

   空洞になった巨木は壁代わりに使えます。地面にヤシの葉
   を並べて、巨木の上にもヤシの葉をかぶせます。警告です
   が、雷雨のときに巨木をシェルターとして利用しないこと。

落雷の危険があります。

3. ジャングルは危険な場所なので、絶対に気を抜かないこと。

ジャングルに暮らす動物（大型のネコ科の動物やヘビなど）との遭遇は勘弁してほしいところでしょうが、そう思っているのは動物も同じです。本当に危険なのは、小さな生き物たちのほうです。サソリ、アリ、ハエ、蚊、そして水や果物に潜むバクテリアなど。噛まれたり刺されたりしないためにできるのは、手や足を置く場所に気をつけることです。アリはジャングルの支配者です。アリの通り道や巣の近くで野宿などしないこと。鮮やかな色彩の両生類には手を触れないでください。皮膚に強い毒を持つカエルなども多く生息していますので、体が触れてしまうと深刻な症状が出る恐れがあります。

[プロの助言]

▶ 辺鄙な地域へ向かう前に、しっかり地図を見ておきましょう。地形に注目し、近くの道路や水路の位置を確認しておくこと。迷ったときに目指すべきおおよその方角、道路や水路につながる道を頭に入れておけば、いずれ文明社会に戻れるはずです。

▶ ジャングルは上層部でも完全に太陽が樹木に遮られてしまうため、コンパスがなければ方角がまったくわからなくなる可能性があります。木々が生い茂っているため、仮に捜索隊が動いてくれたとしても発見されにくくなります。航空機でさえ、ジャングルに墜落すると発見されにくいです。荒野での遭難と違い、ジャングルで遭難したときにその場に留まっていると確実に死にます。

▶ シロアリの巣は、自然由来の防虫剤になります。からっぽになった巣が、地面や木に放置されているはずです。約200リットル容器のバケツで砂の山を作ったような見た目をしています。山をくずして（砂に見えますが、実際は吐き戻した木です）、肌にこすりつけましょう。

もしもコンパスなしで
進むことになったら

陰影法

棒とその影から、方向を確認する方法です。赤道付近では正確さに欠けるので注意してください。

必要なもの

- アナログの腕時計
- 約15センチの枝

北半球では、短針が枝の影と平行になるように腕時計を地面に置く。南半球では、12時の方向が影と平行になるように腕時計を置く。

北

南

北半球の場合

1. 短い枝を地面に垂直に立てて影を見る。

2. 短針が枝の影と平行になるように腕時計を地面に置く。

3. 腕時計の短針と12時のちょうど真ん中を見る。

   時計がサマータイムに設定されている場合は、短針と1時の真ん中を見てください。

4. 手順3の点から時計の中心まで直線を想像する。

   その直線の両極端が南と北です。太陽は南の方向にあります。

南半球の場合

12時の方向が影と平行になるように腕時計を置く。

短針と12時のちょうど真ん中を見てください。そこから時計の中心まで直線を想像します。その両極端が南と北です。太陽は北の方向にあります。

星から推測する方法

北半球の場合：北極星ポラリスを探す。

こぐま座の尾の一番先で輝くのが北極星です。北極星に向かって歩けば北に向かっています。おおぐま座を目印にしても北極星は見つかります。おおぐま座のひしゃくを形作

る先端の2つの星を結びます。この2つの星を結んだ直線を、ひしゃくの口が開いた方向へ5倍伸ばした先で輝いているのが北極星です。

南半球の場合：南十字星を探す。

南十字星とは、4つの明るい星からなる傾いた十字の形をした星座です。縦に結んだ線を、頭の中で実際よりも5倍長くしてください。その線の先端が南の方角です。地平線が見えているのなら、頭の中で軸から地面まで直線を引いて目印にしましょう。

雲から推測する方法

雲が流れていく方向を観察する。

通常、雲は西から東に向かって流れます。山岳地帯では当てはまらないこともありますが、多くの場面ではいい判断基準になるはずです。

苔から推測する方法

苔を見つける。

苔が生えやすいのは、日が当たらなくて水分が豊富な場所です。ひんやりとしていて湿度の高い場所を探しましょう。1本の木でも、北側は南側より日陰になる時間が長くて湿っています。そのため、幹に苔が多く生えているほうが北側だということです。ただし森の中では、どの方向も日陰で多湿になりやすいため、この方法は"絶対"ではありません。

もしも井戸に落ちたら

幅が狭い場合

ここで紹介するのは“煙突登り”という技術です。背中と足を壁にしっかり押し当てて、出口を目指します。

1. 壁に背中をくっつけて、手足を反対側の壁に押し当てる。

体がアルファベットのL字になるイメージで、背中と足をピンと伸ばしましょう。足でしっかり壁を押してください。壁が1方向に傾いている場合は、低いほうの壁に背中を当ててください。

2. 両足の太ももに均等に力を入れ、足の裏と背中がずり落ちてしまわないようにする。

3. 両手をおしりより少し低い位置の壁につく。

4. 片足を背中側の壁につける。

片足は体の下で曲げて、背中側の壁につけておきます。この段階で、もう片方の足は背中と逆側の壁につけたままです。

A

壁に背中をくっつ
けて、手足を反対
側の壁に押し当て
る。

B

体がずり落ちない
ように踏んばりな
がら、両手をおし
りの下の辺りにつ
く。

**5. 両手に力を入れて背中を壁から離し、手と足を使って
体を押し上げる。**

一度に上がるのは、15〜25センチ程度に留めておくこと。

**6. 再び背中を壁に当てて、背中側につけた足を逆側の壁
に戻す。もう片方の足より少しだけ高い位置にして
おく。**

ちょっと休憩しましょう。

7. 休憩終わり。この手順を繰り返す。

足を交互に使いながら、井戸のへりを目指してください。

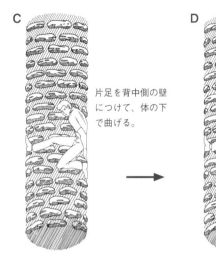

C

片足を背中側の壁
につけて、体の下
で曲げる。

D

手で体を押し上げ
る。
A〜Dの手順を繰
り返す。

**8. へりに届く位置まできたら、手を伸ばしてつかまる。
ボルダリングで言うところの"マントリング"をする。**

へりからあごが出るまで体を引き上げます。そして、へり
から外に出ている両腕に体重を乗せます。次は体重を手に
かけて体を引き上げます。井戸から完全に這い出るために、
足で壁を蹴りながら体を持ち上げましょう。

幅が広い場合

ここで使えるのが"翼を広げたワシ"または"ステミング"
という技術です。煙突登りはできなくても、体を伸ばせば
壁に手足が届く場合に有効です。

1. 両手足を思いきり広げて、片方の壁に右手足、逆側の壁に左手足をつく。

指が下にくるようにして、肩よりも低い位置に手をつく。

2. 足をハサミのように広げてしっかり力を入れる。顔はやや右方向に傾けておく。

3. 両手を突っぱり、体を押し上げる。

4. すばやく片足を数センチ上げて、すぐに逆の足も同じ高さまで上げる。

5. この手順を繰り返して出口まで登る。上までたどりついたら、丈夫な何かにつかまって体を引き上げる。

つかまるものが何もなければ "翼を広げたワシ作戦" を続け、上半身が井戸から出たところで前方向に倒れこんで這い出てください。

もしも地雷原に
迷いこんだら

1. 足下から目を離さない。

2. 動かない。その場から逃げようとしない。

3. 地面から突起物が突き出していないか、起爆装置やワイヤーはないか、地面に凹凸はないか、土が変色していないかを確認する。

4. 突起物、起爆装置、ワイヤー、凹凸、変色部分を避けて、来た道を戻る。

   必ず来たときと同じ場所に足をつくこと。
   体の向きは変えず、後ろ向きに歩いてください。

5. 安全な場所まで引き返したら止まる。

地雷の見つけ方と避け方

最も確実な地雷の避け方は、地雷が埋まっていそうな地域には行かないことです。紛争直後の地域などには、地雷が

危険を察知したら、それ以上は進まない。自分の足跡をたどって引き返す。

圧力感知パッド

一般的な圧力作動式地雷

埋まっている可能性があります。万が一そういった地域に
入ってしまった場合は、下記の方法を試してください。

● 地元住民に聞く。
　地域の危険地帯について最も詳しいのは爆発物処理班、地
　元の女性たち、地元の子供たちの順番です。

● 動物に注目する。
　野生動物には地雷を避けて歩く知識がありません。そのた
　め、動物の死骸が大量に放置されている地帯は地雷原であ
　る可能性があります。

● 地元住民に注目する。
　地元住民が何の問題もなさそうに見える道を避けて通ると
　いうことは、そこは地雷原である可能性があります。地元
　住民が避ける道は、決して通らないようにしましょう。地
　雷原の可能性がある地帯を1人で歩かないこと。

● 地面の状態に注目する。
　掘り返した跡や土の変色は、急いで地雷を埋めた痕跡かも
　しれません。

● ワイヤーに注目する。
　道沿いにワイヤーが張られている場合は、地雷や爆発物が
　仕掛けられている危険があります。

● 破壊されたばかりと思しき車に注目する。
　車や地面のへこみから炎や煙が上がっている場合は、地雷
　が爆発した直後かもしれません。もう爆発したあとだから
　安全なんて思ったら、大きな間違いですよ。

● 草木が生い茂っている場所は避ける。

地雷除去の看板もありませんし、独断で進み続けるのは危険すぎます。

[プロの助言]

▶ 多くの地雷は半永久的に壊れることなく起動し続けます。地雷原を通過しなくてはならないときは、必ず信頼できる人物にガイドを頼んでください。

▶ 地雷には、大きく分けて4つの種類があります。

仕掛け地雷：起爆装置に取りつけられたワイヤーが引っぱられることで爆発する。

圧力作動式地雷：圧力感知パッドを踏むと起爆装置が起動して爆発する。

タイマー式地雷：電気時計、デジタル時計、化学薬品、機械式タイマーなどを用いて起爆装置を起動させて爆発する。

遠隔操作式地雷：クラッカーと呼ばれるワイヤー、電波信号、ときには熱や音などを利用して遠隔地から起爆装置を起動させて爆発する。

もしも離岸流に飲みこまれたら

離岸流は細長い範囲に発生する非常に強い波です。海岸にあるものは、どんなものでも飲みこんで海へと引きずりこみます。危険な波ではありますが、抜け出すのはそこまで大変ではありません。

1. 波に逆らわない。

離岸流の犠牲者の多くが溺死であり、波の威力によって命を落としたわけではありません。離岸流に飲みこまれた際にもがいて体力を使い果たし、岸に戻れなくなってしまうのです。

2. 岸に向かって直線で泳がない。

離岸流に逆らって泳いでも無駄です。

3. 離岸流を横切るように、岸と平行に泳ぐ。

通常、離岸流の幅は30メートルもありません。岸と平行に泳げば、そう苦労せずに離岸流から抜けられるでしょう。

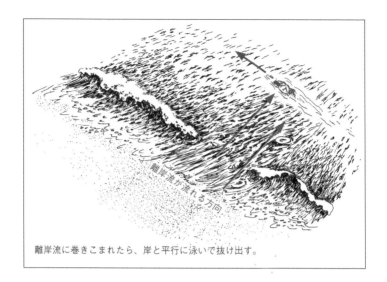

離岸流に巻きこまれたら、岸と平行に泳いで抜け出す。

4. 泳いで離岸流から抜けられない場合は、背中を下にして浮く。そのまま波に身を任せ、離岸流から自然と抜けるのを待つ。

岸から約45〜90メートルも流されれば、離岸流の威力も弱まるはずです。

5. 離岸流から抜けたら岸まで泳いで戻る。

[プロの助言]

▶ 離岸流は、強風の日に発生しやすい。

▶ 砂や砂混じりの水が海面上に線を描いていたり、波頭が崩れて白い波が立った部分（サーブゾーン）へ浮遊物が流れていったりするのは、離岸流が発生しているサインです。波が低くなっているサーフゾーンや、岸に対して直角に地面がくぼんでいる場所も離岸流が発生しているサインです。

もしも足場の氷が
割れたら

1. 落ち着いて呼吸する。

冷たい水に落ちたときのショックは大きいですが、冷静を
保ちましょう。

2. 歩いてきた方向を向く。

割れずに歩いてこられたわけですから、頑丈な氷なのでしょ
う。

3. 穴から両腕を出し、肘に体重をかけて上半身を持ち上
げる。

まだ穴から出ないこと。そのままの体勢でストップです。
できる限りたくさんの水を服からしたたり落としましょう。

4. 穴からできるだけ離れた、硬くて頑丈な氷まで手を伸
ばす。

車の鍵やクシなどがあれば、氷に突き立ててください。そ
れをしっかり握って穴から這い出しましょう。

硬くて分厚い氷まで手を伸ばす。鍵などを氷に突き立てて、体が滑らないようにする。水を蹴って、穴から這い出る。

5. 泳ぐように水を蹴って、穴から出る。

6. 穴から出たら、立ち上がらない。

体を伸ばし、転がって穴から離れてください。体重が分散されるので、再び氷が割れて水中に落ちる危険性が低くなります。

もしも冷たい水に
落ちたら

1. 相当の短距離でない限り、泳ごうとしない。

どんなに水泳の得意な人でも、約10℃の水中を45メートル
以上泳ぎきれる確率は50%です。数回のクロールでたどり
つけるなら、陸地、船、浮遊物を目指して泳いでください
(泳ぐことで全身が冷水に浸るため、急速に体温が奪われ
ます。水中では、同じ温度の陸地と比べて25倍の速さで体
温が失われていきます。また、20℃以下の水中に長時間い
ると低体温症になる恐れがあります)。

2. 周囲に人がおらず、救命胴衣を身につけている場合は
"ヘルプ姿勢"を取る。

足首を交差させ、膝を胸元に引き寄せます。腕は胸元で組
んでおきましょう。首元か胸元など高い位置に腕を置いて、
水に濡れて冷えないようにしてください。衣服は脱がない
こと。濡れた服の重さで沈んでしまうことはありません。
それどころかウェットスーツのように体を温めてくれます。
こうすることで奪われる体温が半分で済みます。

3. 2人以上で水に落ち、全員が救命胴衣を身につけている場合は "ハドル姿勢" を取る。

2～4人の場合は、胸がぶつかるように抱き合ってください。小柄な人を、大柄な人ではさんであげましょう。こうすることで、お互いに温め合うことができます。大人数でかたまっていることで、救助隊からも見えやすくなります。

4. 動きは最小限に。

心拍数が速くなると体が急速に冷えてしまいます。平静を心がけましょう。

5. 救助されたら、低体温症になっていないか確認する。

ろれつがまわらない、寒いのに体が震えないなどの体の異変は体温が下がりすぎているサインです。早急に体を温めてください。

救命胴衣を身につけてない場合

1. 浮遊物につかまる。

流木、投棄されたクーラーボックス、空気で膨らませたビニール袋などは浮き輪代わりになります。

2. つかまれる浮遊物が何もない場合は、背中を下にして浮かんで足をゆらゆら動かすか、ヘルプ姿勢を取る(119ページの手順2参照)。

２人以上で水中にいる場合は、胸がぶつかるように抱き合うハドル姿勢を取る。

3. うまく背中で浮けない場合は、上着かシャツのボタン
   を閉め、その中に空気を入れて浮き輪代わりにする。

   服の中に空気を入れれば浮いていられますが、そのために
   は水中で動かなくてはいけないこと、そしてそれゆえに体
   が冷えてしまうというリスクがあります。

低体温症の対処法と体の温め方

1. 約40℃のお湯に浸かる。手足はお湯から出しておく。

   低体温症になると、冷たい血液が手足を循環しています。
   体と一緒に手足までお湯で温めてしまうと、一気に血管が
   広がって冷たい血液が心臓に流れこんでしまいます。そう
   なると心室細動を引き起こし、心臓発作にいたるかもしれ
   ません。

2. 手足をマッサージしない。

3. お湯が手に入らない場合は、近くの休める場所を探す。

たき火をしてください。小さな火であれば雪洞(せつどう)の中でもまわりの雪が溶ける心配はありません。

4. 砂糖水、甘い食べ物、お茶、ブドウ糖錠剤などの高カロリーで体の温まるものを与えて体力を回復させる。

[プロの助言]

▶ 自分1人の体温で低体温症の人を温めようとするのは危険です。体温を奪われすぎて、低体温症の患者がもう1人増えるだけです。体温で患者を温めるときは、2人で行いましょう。2つの寝袋をつないで低体温症の患者の両側に健康な人が入ります。冷静でいるため、そして意識を失ってしまうのを防ぐために全員で会話を続けましょう。

もしも滝に落ちたら

1. 落ちる直前に息を吸いこむ。

体が投げ出されてからでは、おそらく息を吸う余裕はない
でしょう。思っている以上に水が深いかもしれないので、
思いきり吸いこんでおくこと。

2. 足から落ちる。

滝に落ちるときに最も危険なのは、水中で頭をぶつけて意
識を失ってしまうことです。足から落ちれば、もちろん手
足を骨折する危険はあります。足をぎゅっと揃えて垂直に
着水するよう心がけましょう。

3. 落ちる直前に足場を蹴って滝から離れる。

さもなければ滝つぼにある岩に直撃します。

4. 腕で頭部を守る。

5. 着水後は、水面に顔を出すより先に泳ぐ。

泳ぐことで深く沈まずに済みます。

6. 滝つぼから離れるように、下流に向かって泳ぐ。

滝の裏側に入ってしまったり、岩にはさまったりしてしまうのを防ぎます。

足場を蹴り、滝から離れたところを目がけて足から落ちる。
腕で頭部を守ること。

もしも火山噴火に巻きこまれたら

1. 石、木、がれきなどが落ちてくるので注意する。

落下物がたくさん降ってきたら、体を丸めて頭部を守ってください。河川の近くにいる場合は、土石流（大量の雪や氷が溶けて石や泥などを巻きこんで流れてくること）にも注意してください。特に土石流の地鳴りが聞こえてきたら、少しでも高い位置に避難してください。

落下物がたくさん降ってきたら、体を丸めて頭部を守る。

2. 溶岩の通り道にいる場合は早急に移動する。

流れてくる溶岩より速く走ることは不可能です。山の麓ま
で走って逃げきれるなどと勘違いしないこと。溶岩の流れ
を変えてくれそうな窪地や谷が近くにあるなら、安全だと
思われるほうに逃げてください。

3. 急いで室内に逃げこむ。

すでに室内にいるなら、できる限り高い場所へ移動してく
ださい。すべてのドアと窓を閉め、時間に余裕があれば車
や機械類も屋内へ運び入れておきます。

4. 床や地面に座ったり横たわったりしない。

火山噴煙よりも危険な火山ガスは、においも弱くて空気よ
り重い気体です。そのため地面付近に溜まりやすく、座っ
たり横たわったりすることで多量に吸いこんでしまう危険
があります。

5. 正式に避難命令が発令されてから避難する。

最も生存率を高める避難方法は車ですが、それでも溶岩の
速さには太刀打ちできない可能性があります。溶岩はとき
として、時速約160〜320キロの速度で迫ってきます。火
山灰によってラジエーターやエンジンが損傷する恐れもあ
りますので、車を使用するのは遠方まで避難するときのみ
とすること。

[プロの助言]
▶ 火山噴火は、土石流、地震、高波、酸性雨などの2次被害の原因になります。
活火山のある地域に行く場合は、次の防災用品を持参するといいでしょう。

懐中電灯と予備電源

救急セット

非常食と飲み水

手動の缶切り

医薬品

防塵マスク

丈夫な靴

ゴーグル

携帯用酸素ボンベ

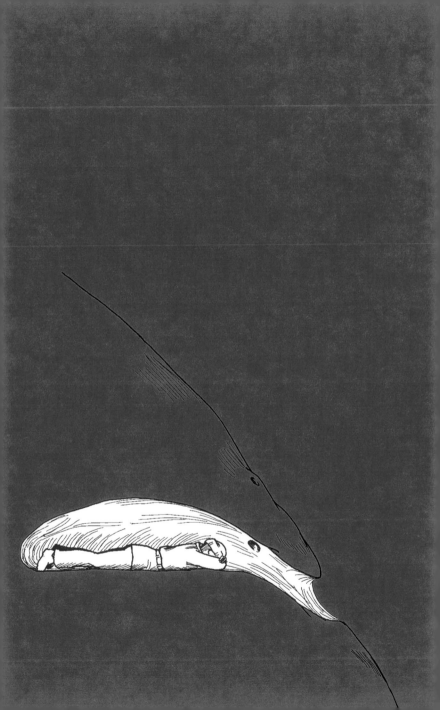

チャプター 5

食料とシェルターの確保

もしもホテルの高層階で火事になったら

ホテルで火災警報器が鳴ったら、誤作動だとは思わずにホテルの規定に従ってちゃんと避難すること。宿泊する部屋の近くが火元の場合は、下記の手順を参考にしてください。

1. 廊下につながるドアノブを手の甲で触れてみる。

触れられないくらい高温になっている場合は手順2を試したのち、手順5まで飛んでください。ドアノブが熱くなければ、順番通りの手順に従ってください。

2. バスタブに少しだけ水を溜める。

タオル、ベッドシーツ、ブランケットなどを水に浸ける。水が出ない場合は、トイレタンクの水を使用しましょう。濡れたタオルで口と鼻を覆い、濡れたベッドシーツ、またはタオルを頭からかぶってください。

3. ドアを開ける。

4. 廊下が煙で充満していたら、床から約30〜60センチの位置まで体を低くして通過する。

非常口へ向かってください。エレベーターは絶対に使わな

いこと。

5. ドアやドアノブが高温になっていたら、開けない。

ドアと床の隙間に濡れたタオルをつめこんで、煙が入って
くるのを防ぎましょう。

ドアからの避難が困難な場合は、窓
を開け、上からテントのように濡れ
たベッドシーツをかぶる。煙から喉
を守り、窓の外の新鮮な空気を確保
する。

6. フロントや別の階の部屋に電話をかけて、状況を確認する。

7. 煙を室内に流入させる危険があるため、換気扇とエアコンを切る。代わりに窓を少しだけ開ける。

   火元が階下の場合、窓から煙が入ってくるので大きく開けないように注意してください。火元が階下でないことが確認できたら、3分の1から半分ほど開けましょう。

8. 窓枠から濡れたベッドシーツ、またはタオルを垂らしてテントのようにする（前ページのイラスト参照）。

   窓から煙が入ってくる場合は、この工程は飛ばしてください。ベッドシーツ、またはタオルの片側を窓枠上部に取りつけ、テントのようにだらりと垂らしてください。テントと窓のあいだに入ることで煙から守られ、窓の外の新鮮な空気を吸えます。室内の空気を冷やす作用もあるので、呼吸がしやすくなるはずです。

9. 白いタオルを振るか、懐中電灯を点灯させて救急隊員に存在を知らせる。

   あとは救助を待つだけです。

10. 室内が高温になってきた、煙で呼吸が苦しくなってきた、それなのに助けはきそうにないという場合は、壁を蹴破る。

    クローゼット内の壁が最も蹴破りやすいです。クローゼット内の床に座って壁をノックしてみてください。どこかで、後ろが空洞になっている音に変わるはずです（壁の中の間柱は、通常約40センチごとに設置されています）。両足で

壁を蹴り、ぶち抜いてください。空気穴としても活用できますが、状況によっては大きな穴を開けて隣室に避難してください。

11. 壁を蹴破れない場合は、窓から外を見て建物の構造を確認する。

バルコニー同士が近ければ、伝って同じ階の別の部屋に避難してください。隣室のバルコニーが遠い場合は、ベッドシーツを結んで真下の階のバルコニーまで降りてください。ベッドシーツは小間結び（靴ヒモを結ぶときの最初の動作を2回繰り返す結び方）でつなぎ合わせ、降りるのは1階分のみとしてください。この方法は最後の手段とすること。緊急を要する危険が迫っている場合、または救助隊が階下にいる場合にのみ行ってください。

[プロの助言]

▶ 消防車のハシゴは、高層ビルの7階くらいまでしか届かないことが多いです。ホテルを予約する際は、なるべく7階以下の部屋にしましょう。

▶ たとえ7階以下でも、プールサイドや中庭側の部屋だと消防車が入ってこられないためハシゴも届きません。泊まるなら、道路側の部屋にしましょう。

▶ チェックイン時に煙探知機と火災用スプリンクラーがあるかどうか確認しておきましょう。

▶ 宿泊する部屋と非常口のあいだに何部屋あるか数えておくこと。火災発生時に煙で視界が遮られても安心です。

▶ 部屋の鍵は、暗闇でもわかるところに置いておくこと。

▶ 2階以上の高さから飛び降りない。死亡リスクが高まります。

もしも飲み水もなく
無人島に流れついたら

1. 手当たり次第、容器に雨水を溜める。

　ボウル、皿、ヘルメットなどが理想ですが、緊急用のゴム
ボートや伸縮性のある衣類でも雨水を溜められます。乾燥
している地域では、朝露を集めて飲み水にします。防水シー
トなどをボウル型にして朝露を集めてください。

2. 朝露を集める。

　布や長めの草を足首に巻き、夜明けと共に雑草地を歩きま
わってください。布や草に朝露がしみこむので、絞って容
器に溜めておきましょう。

足首に布を巻いて朝露を集める。

3. 山へ向かう。

海岸沿いは草木が枯れていて不毛の地に見えても、内陸部には緑が生い茂っていてきれいな真水が流れる川が見つかる可能性があります。植物が生えている場所を探しながら進んでいけばたどりつけますが、確実に水場が見つかるという保証もないのに長距離を歩き続けて体力を消耗するのは避けてください（植物が生い茂っている場所が遠すぎる場合は、移動を諦めてください）。

4. 魚を捕まえる。

魚の目のまわりや背骨には水が溜まっており、人間が飲んでも問題ありません（サメの背骨は例外とする）。目のまわりの水分を吸い、背骨を折って中の水分を飲んでください。魚の身にも水分が含まれていますが、魚の身は高タンパクなため消化に余計な水分を消費してしまうので、魚の身を衣類や布で絞って水分のみ飲んでください。

5. 鳥のフンを探す。

乾燥している地域では、岩の割れ目付近に落ちている鳥のフンが水場の目印になるかもしれません（鳥は、岩の割れ目から湧き出る水を求めて集まることがあります）。割れ目に布を入れて容器の上で絞るか、ダイレクトに口の上で絞って飲みましょう。

6. バナナの木かプランテン(調理用のバナナ)の木を探す。

30センチほど切り株を残して、木を切ってください。切り株の中心をかき出し、ボウル状にします。根から水分を吸い上げるので、4日ほどは飲み水を確保できるでしょう。最初の3回くらいまでは苦い水が溜まりますが、そのうちに苦みも薄れていきます。

［プロの助言］

▶ 海水を飲むのは危険です。塩分濃度が高すぎるため、腎不全になる可能性があります。さらに約1リットルの海水を排出するために、人間の体は約2リットルの水分を失うことになります。最終手段として海水を飲む場合でも、1日に1リットル以下に留めておきましょう。体にはよくないですが、生きのびることはできます。

▶ 容器に溜めた雨水は飲んでも安全ですが、容器が清潔であること、水がよどんでいないことが条件です。水がよどんでいる場合は、バクテリアが増殖している可能性があります。

もしも汚れた水を飲まなきゃならなくなったら

自然界で安全な飲み水を確保する主な方法は全部で6つあります。ろ過、堆積、薬剤処理、蒸留、煮沸、紫外線処理（太陽光による処理）です。処理によっては、飲む前にもう一段階手順を踏むのが望ましい場合もあります。

ろ過

渓流、湧水（ゆうすい）、河川、湖、池など、水源が何であれ、必ず飲む前にろ過してください。

1. ろ過器を探す、または作製する。

コーヒーフィルター、ペーパータオル、普通の紙、服（織り目が細かければ細かいほど理想的です）などがろ過器として使用できます。または、砕いた炭、小石、砂の順番で靴下に詰めても即席のろ過器になります。

2. ろ過器に水を通す。

混入物がなくなるまで繰り返してください。

▶ ろ過で取り除けるのは、多少の混入物のみです。バクテリアや微生物の駆除まではできません。ろ過処理した水を、薬剤処理、煮沸、紫外線に晒すなどの処理を行えば、より安全な飲み水になります。

堆積

多くの混入物を取り除けますが、時間がかかる方法です。また、ろ過と同様に微生物を駆除するには別の処理が必要です。

1. 水を汲んで、しばらく放置する。

清潔なバケツ、カバン、ボトルに水を汲んだら、可能な限り長く放置してください。堆積の性質上、18時間ほどは待つ必要があります。

2. 表面付近のきれいな水を確保する。

すべての浮遊物が容器の底に沈んだら、表面上のきれいな水を慎重にすくうか、別の容器に注ぎ入れてください。

3. 薬剤処理、煮沸、紫外線処理などで水を浄化する。

薬剤処理

1. 漂白剤かヨウ素を使用する。

約1リットルの水に対し、家庭用の漂白剤（洗浄成分が含まれないもの）を2滴入れます。水がきわめて冷たい場合

や、濁っている場合には３滴入れてください。または約１リットルの水に対して、薬局で売っているヨウ素液（２％濃度のもの）を５滴入れてください。

２．漂白剤、またはヨウ素を混ぜた水を、最低１時間は放置する。

薬剤は微生物を駆除してくれます。長く置けば置くほど浄化されます。一晩中置いておくのが最も安全な方法です。

蒸留

太陽蒸留器は、太陽の熱を利用して地中の水分を蒸発させ、その水分を清潔な容器に溜めて飲用水とする方法です。太陽蒸留器の作り方は下記を参照してください。

１．約30センチの深さの穴を地面に掘る。

容器が入る大きさの穴を掘ってください。

２．掘った穴の中心に容器を置く。

３．プラスチック製品などで穴を覆う。

防水シートやゴミ袋なども使えます。

４．覆いを固定する。

穴を覆っているプラスチック製品を、枝や石で固定してください。地面にピタリとくっつけて、中の空気が逃げないようにします。

5. 覆いの中心に約6ミリから1センチの穴を開ける。

覆いの中心に開けた穴の横に小石を1つ置いて、小石の重さで中心を沈ませて漏斗状にしてください。このとき、穴が容器に触れないようにすること。

6. 待機する。

太陽熱が地中の水分を蒸発させ、その水分が覆いで冷やされて水滴になって容器に流れこみます。太陽蒸留器では、一度に大量の水は作れませんが（だいたいコップ1杯分以下です）、すぐに飲めるくらいの安全な水を確保できます。場所を選ばずに行える手段ですが、地中の水分量と太陽熱の強さによって数時間から丸1日要する場合があります。

煮沸

最低でも1分間は煮沸します。海抜が約1000メートル上昇するごとに、煮沸時間を1分ずつ延ばしてください。

▶ 燃料に余裕があれば、飲む前に10分間は煮沸してください。長く煮沸するほど多くの微生物が死滅します。しかし10分間を超えると、それ以上の浄化作用は期待できません。熱湯のまま飲まないように注意してください。

▶ 燃料に限りがある場合は、飲む前に必ず低温殺菌を行ってください。65℃まで加熱し、6分間維持してください。こうすることで、細菌、寄生虫、ウイルスが死滅します。長時間にわたり加熱する必要がないので、貴重な燃料を節約できます。ろ過が不十分で粒子状の物質が水中に確認できる場合は、2分間煮沸してください。粒子状の物質が大きい場合は、4分間煮沸してください。

紫外線処理

紫外線は多くの微生物を処理できます。紫外線処理は、水中の堆積物を取り除いたうえで行ってください。

1. ろ過した水を、透明のボトルやプラスチック袋に入れる。

最大限の効果を得るため、2リットル以上の容器は使用しないでください。

2. 太陽光がしっかり当たる場所に、最低6時間は放置する。

もしも雪の中に
取り残されたら

溝を掘る。

1. 強風が吹きつけない角度になるようにする。

寝転がったときに、幅と長さに若干の余裕を持たせられる
ほどのスペースを確保してください。あまり大きすぎると
体温を維持できなくなるので注意してください。

2. 頭がくるほうを広めに、さらに平らになるように掘る。
手持ちの道具は何でも使う。何もなければ自作する。

鍋や長くて平らな木片をうまく使えば、立派な溝が掘れま
す。

3. 溝の上部を枝で覆い、その上から防水シートやプラス
チックのシートをかぶせて最後に薄く雪をかける。

"ドア部分"はリュックサックなどを置いて通気性を保ち
つつ、冷たい雪や風で体温が奪われないようにしっかりふ
さいでおきましょう。

雪洞を作る。

せつどう

1. 斜面にできた雪だまりを探す。

強風が吹きつけない角度になるようにしましょう。

2. 奥のほうが少しだけ高くなるように傾斜をつけて、狭いトンネルを掘る。

幅、高さ、長さは寝転がっても体が雪に触れない大きさに掘ってください。

入り口から風が吹きこまない角度で掘る。

空気穴

3. 天井は、ややドーム型にする。

平らな天井では強度を保てず、掘っている最中に崩壊してしまいます。天井部分の厚さは、少なくとも30センチは確保してください。雪洞の中から青緑色の光（雪に透けた太陽光）が見える場合は天井が薄すぎる証拠です。

4. 天井に空気穴を開ける。

新鮮な空気を取りこむ役割と、ロウソクを灯す際の換気にもなります。小さなロウソク以外の熱源は厳禁です。過剰な熱源は天井が柔らかくなったり、雪が溶け出したり、もろくなったりする原因になります。

"クイン・ジー" を作る。

積雪量が多くなく、時間と体力にも余裕がある場合は "クイン・ジー" を作ってください。クイン・ジーとは、カナダやアラスカの先住民族であるアサバスカンが起源の雪洞です。

1. 大きめの雪山を作る。

中を空洞にすれば座ったり寝転がったりできるくらい、大きな雪山を作ってください。

2. 雪がかたまるまで、1時間ほど待つ。

3. 中を掘ってかまくらのようにする。

【プロの助言】

▶ 建物や車に避難できるのであれば、絶対にそうしてください。周囲に避難場所がない場合は、とにかく体温を維持するのに使えそうなものを探してください。洞窟、倒木、雪から顔を出した岩などを探しましょう。

▶ 作業の途中で汗をかく恐れのある場合、または完成後に体を乾かせない場合は溝を掘ったりクイン・ジーを作ったりしないこと！　人間1人が隠れられるほどのシェルターを雪で作るには相当の労力を要します。皮膚や衣服が濡れると体温は急激に下がります。

▶ 降ってから最も時間の経った雪を使いましょう。時間が経過して硬くなっているので、柔らかい雪を使うよりも簡単にできます。

▶ 雪は断熱性と防音性に非常に優れています。雪洞の中にいると、救助隊の声やヘリコプターの音は聞こえないでしょう。そのため、地面に目印を置くなどして救助隊にアピールしてください（防水シートを置いたり、枝で"HELP"や"SOS"の文字を書いたりなど）。

▶ 溝でもクイン・ジーでも、雪と体のあいだに必ず何か敷いてください。松の葉などの柔らかい植物がいいでしょう。最低でも30センチは敷きつめておかないと、体重でつぶれてしまうので注意してください。

▶ 室内にいられるのであれば、自分の体温と吐く息で、我慢できるくらいまでは室温が上がるはずです。

もしも津波に
襲われたら

　津波とは、きわめて高くて長い波が海から押し寄せてくることです。地質上の異常（地震、海底火山の噴火、地滑りなど）や、気圧の急激な変化によって引き起こされます。これを気象津波と呼びます。こうした原因により数百キロ、ときには数千キロも離れた場所で発生した津波が押し寄せることもあるのです。波の高さは15〜30メートルにも及ぶことがあります。

1. 海の近くにいる場合は、津波発生の前兆を見落とさない。

　海水面の上昇、もしくは下降　海底がむき出しになるほど、沿岸部の海水が思いきり引くことがあります。このように、急激に海水が引いていくのは津波の前兆です。この時点で、津波の規模を推測することは不可能です。

　地面の揺れ　地震が発生したからといって必ずしも津波が起きるわけではありませんが、海の近くでは警戒するべきです。ブイによる津波警報システムの装置が設置されているとも限りませんし、正確に機能しない場合もありますので、避難の準備をしておきましょう。地震から数分で津波が到達する場合と、数時間後に到達する場合があります。

絶えず轟音が聞こえる　海の深い場所から大きな波が浅瀬までやってくる際、まるで貨物列車のような轟音を伴います。しかし、塔のようにそびえ立つ波は、遠くからではその高さが伝わらないうえに、海岸線の地形によって急激に高くなることもあります。入り江の狭い港は特に危険です。波が見えてからでは、走って逃げる時間はないと思ってください。

2. 小さな港でボートに乗っているときに津波警報が発令された場合は、速やかに移動する。

1つ目の選択肢は、ボートから降りて高台へ避難することです。2つ目は岸から離れた場所までボートを走らせることです。海岸近くにいると、波止場や陸地まで流されて乗り上げてしまう可能性があります。津波は深いところから浅瀬へ流れる際に被害を及ぼします。浅瀬では、波が互いにぶつかり合うためです。ただし、深い海域だから必ず安全とも言えません。生きのびるには、水の深さ、津波の高さ、地形など、さまざまな条件を熟慮したうえでの判断が求められます。

3. 陸地にいる場合は、すぐに高台へ避難する。

高台への避難を直ちに開始してください。津波から身を守るには、最低でも海抜約10メートル以上の高台へ逃げる必要があります。津波は人間が走るより速い速度で迫ってきます。早急に、海岸線地帯から離れましょう。港や川なども急激に水流が増える危険性がありますので、近寄らないこと。

4. 高層のホテルやマンションにいて高台への避難が難しい場合は、高層階へ上がる。

高層ビルの上階は安全な避難場所となり得るでしょう。避難しようとする人々でごった返した道を行くより、鉄筋コンクリート造りの建物の3階（もしくはそれ以上）に逃げたほうが安全かもしれません。建物の最長辺が、海岸線に対して平行ではなくて直角になる建物を選んで避難してください。

[プロの助言]

▶ 最初に到達した津波よりも大きな津波が、その後押し寄せてくることもあります。

▶ 海につながっている川や水路を、津波が逆流してくる可能性もあります。

▶ 津波は内陸部まで300メートル以上にも広がることがあり、広範囲にわたって水や瓦礫が押し寄せてくるでしょう。

▶ 津波と高潮が混同されることがよくありますが、まったくの別物です。高潮は津波と違い、重力によって潮が満ち引きすることで発生します。そのため"高潮"と呼ばれているのです。

もしも砂嵐に襲われたら

1. バンダナや衣類を濡らして鼻と口を覆う。

2. 鼻の内側に少量のワセリンを塗り、粘膜を保護する。

   ワセリンが粘膜の乾燥を防いでくれます。

3. 旅の仲間と離れないようにする。

   腕を組んでおくか、ロープなどでつながっておきましょう。
   砂嵐に煽られてはぐれてしまったり、ケガなどで歩けなく
   なった仲間を見失わないようにするためです。

4. 車に乗っている場合は、すぐに路肩の一番端に車を停
   める。

   ヘッドライトを消し、サイドブレーキを引く。テールライ
   トが消えていることを確認してください。テールライトが
   ついていると、後続車が道路だと勘違いして追突してくる
   可能性があります。余計な事故を引き起こさないためにも、
   テールライトは消しておきましょう。

砂などを吸いこまないように、濡らしたバンダナや衣類で鼻と口を覆う。

５. 高い場所へ避難する。

通常、砂粒は飛んだりぶつかったりしながら宙を舞っています。しかし草地、泥や土の上では高く舞い上がらないため、数メートルでも高くなっている場所への避難は有効です。ただし砂嵐は激しい雷雨を伴うことも多く、その場合は落雷の危険があります。砂嵐の中で雷鳴を聞いたり稲妻が見えたりしたら、高い場所へは上がらないでください。

【プロの助言】

▶ 砂嵐に見舞われる可能性がある場所（砂漠地帯で強風が吹く地域）へ向かう場合は、長ズボン、靴下、サンダル以外の履き物を着用すること。砂が激しく飛んできて、特に膝下は擦り傷を負いやすいので気をつけましょう。

もしも釣り竿なしで
魚を捕まえなきゃ
ならなくなったら

1. 最高の釣りスポットを見極める。

　　魚には、湖岸や川岸の日陰に集まる習性があります。

2. 長さ60センチほどの、二又の枝を探す（二又になっている部分は約30センチが理想）。

　　木から切るか、折るかしてゲットしてください。

3. 二又の先端同士を結び合わせる。

　　これが、魚を捕る網の枠になります。

4. シャツかTシャツを脱ぐ。

5. 襟口と袖口を結ぶ。

6. シャツに枠を入れ、隙間ができないようにしっかり結びつける。

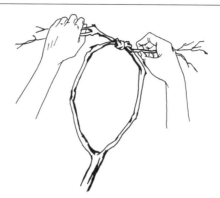

二又の枝を探し、先端同士を結び合わせる。

シャツの襟口と袖口を結ぶ。

シャツに枠を入れ、隙間ができないようにしっかり結びつける。

7. 魚をすくう。

[プロの助言]

▶ 大きな魚は、先端を尖らせた即席の槍で捕まえましょう。魚が水面に近寄る夜間がおすすめです。

もしも動物を捕まえなきゃならなくなったら

くくり罠

小動物を捕まえるなら、くくり罠（または輪罠）を設置しておきましょう。仕掛け罠なら、小動物を生け捕りにできます。

1. 約60センチのワイヤーと短めの枝を用意する。

ヒモや糸では噛み切られてしまうので、必ずワイヤーを用意してください。

2. ワイヤーの片側を枝に巻きつける。

親指と人差し指で枝をまわしてワイヤーを巻きつけ、小さな輪を作ります。

3. 棒をワイヤーから外す。

枝を押し出すと、ワイヤーに小さな輪ができているはずです。

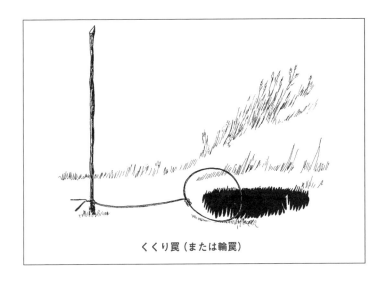

くくり罠（または輪罠）

4. この輪にワイヤーの反対側の先端を通して大きな輪にする。

小動物が逃げようともがけばもがくほど、輪がきつく締まっていく罠になります。輪の直径は12センチ程度が理想です。

5. 輪になっていないほうの先端を高さ30センチほどの杭に結ぶ。

6. 小動物の通り道、または巣穴の前に罠を仕掛ける。

成功率を上げるために、連続して罠を仕掛けるのも手です。最初の罠から逃げようとして、2つ目の罠にかかることもあります。

7. 杭はしっかり固定する。

小動物からは見えない位置に杭を打ちましょう。罠の場所がわからなくならないように、目印をつけておきます。

8. 罠を確認するのは、1日に2回まで。

頻繁に付近をうろついていたら、小動物を警戒させてしまいます。うまく罠にかかったら、簡単には逃げられないので安心して放置しておきましょう。

重力を用いた罠

重力を用いて仕掛けを作動させ、小動物を捕らえたり仕留めたりする罠です。最も簡単なのは、重い石や丸太を自動で落として小動物を閉じこめたり仕留めたりする、落とし罠です。

1. 小動物の通り道を探す。

2. 長さと太さが同じくらいの、まっすぐの枝か木片を3本と、重い石か丸太を用意する。

枝の長さと太さは、石または丸太の重さによって変わってきます。それくらい自分で考えて判断してください。

3. 1本目の枝の真ん中に、四角い切りこみを入れる。

先端は、スクリュードライバーのように尖らせ、斜めに切ってください。垂直に立たせて罠を支える部分にします。

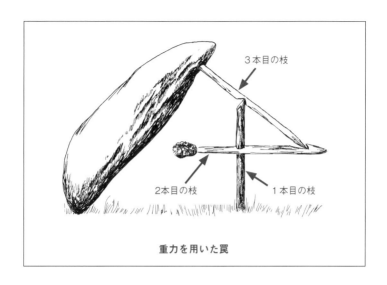

3本目の枝

2本目の枝　　　　　　　　　**1本目の枝**

重力を用いた罠

4. 2本目の枝の真ん中にも切りこみを入れる（1本目の枝と組み合わさるように）。

　2本目の枝は、先端から5センチほど下に三角形の切りこみを入れてください。逆側は尖らせておき、ここにエサを刺して小動物をおびき寄せるおとり部分にします（手順7参照）。

5. 3本目の枝の真ん中に三角形の切りこみを入れる。

　この切りこみは、1本目の枝の先端を差しこむものです。3本目の枝の先端はスクリュードライバーのような形に削り（おとり部分がある2本目の枝の切りこみと組み合わさるように）、逆側の先端は平らにしておきます。この枝で罠（石または丸太）を固定します。

6．１本目の枝を地面に垂直に突き刺す。

7．２本目の枝の先（切りこみと反対側）に肉などのエサ
を刺して、１本目の枝と切りこみで組み合わせる。２
本目の枝が、地面と平行になるように取りつけること。

8．３本目の枝を２本目の枝から見て45度の角度になる
ように、先端を２本目の切りこみに差しこむ。

3本目の枝の先端はスクリュードライバーのように削って
あるので、2本目の枝の切りこみにフィットするはずです。
1本目の枝の先端は、3本目の枝の切りこみにフィットす
るはずです。

9．石または丸太は、３本目の枝にバランスよく傾けて立
てかけておく。

小動物がおとりのエサに食いつくと、枝のバランスが崩れ
て石または丸太が倒れ、小動物を仕留めます。

[プロの助言]

▶ 確率を上げるために、8〜10個ほどの罠を仕掛けておくこと。

▶ 巣の近く、または水場やエサ場など、小動物が頻繁に通る場所に罠を仕掛けましょ
う。どこから来て、どこへ行くのか、行動パターンを観察すること。フンが1
箇所にかたまっているのは、近くに巣がある証拠です。

▶ 1日に1〜2回、罠を確認すること。捕らえた小動物が死んでしまうと腐敗が
始まります。また、別の動物に食べられてしまう可能性もあります。

▶ 罠を仕掛ける場所で、罠を作らないこと。キャンプ場所で罠を作ってから、設

置場所へ持っていきましょう。小動物のテリトリー内に長く居座ると、警戒されてしまいます。葉っぱや木の幹などで体臭の痕跡を消すように心がけてください。

▶ 石と石のあいだ、茂みと茂みのあいだなど、小動物の通り道の中でも幅が狭い場所に罠を仕掛けましょう。逃げ道がある場所では、小動物は罠の上を歩いてはくれません。人間と同じで、小動物も障害物のない道を好んで通るものです。

▶ 罠の周辺では油断禁物です。自分の罠にかかってケガをする可能性もあります。または、予想以上に大型の動物が罠にかかってしまうこともあります。

▶ 罠にかかった動物には、慎重に近づくこと。まだ生きていて、攻撃してくるかもしれません。

▶ 罠やその部品を残したまま、その地を立ち去らないこと。

病気やケガの対処法

もしもタランチュラに遭遇したら

基本的にタランチュラは凶暴な性格ではありませんし、噛まれたからといって命を落とすこともありません。しかし、人によっては命に関わるアレルギー反応を引き起こす場合もあります。そうでなくても、タランチュラに噛まれるとかなり痛いです。万が一に備えて、対処法を学んでおくのが賢明です。

1. タランチュラを追い払うのに使えそうなものを探す。

枝、丸めた新聞紙や雑誌、手袋などが役に立ちます。タランチュラの多くは臆病な性格なため、軽く突けば大慌てで逃げてくれるはずです。素手で追い払うと噛まれる危険があるので、何かしら物を使ってください。

2. タランチュラが体の上にいて追い払えない場合は、静かに立ち上がり、ゆっくりジャンプしてください。

タランチュラは落ちてしまうか、逃げ出すはずです。

丸めた新聞紙や雑誌などでタランチュラを追い払う。

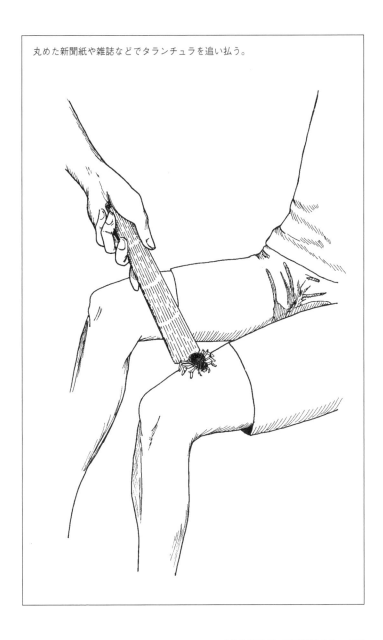

噛まれた場合

1. 噛まれてもパニックにならない。

タランチュラの1回目の噛みつきは"ドライバイト"と呼ばれ、毒を注入せずに噛みつくだけの場合が多いです（針で刺したような穴が2つ、皮膚に残るはずです）。2回目の噛みつきで、毒を注入します。アフリカに生息する"バブーン・スパイダー"の仲間であるPterinochilus属とHeteroscodra属という2種類と、南アジアに生息するオーナメンタル・タランチュラの仲間のPoecilotheria属には猛毒があるので注意すること。

2. ドライバイトの場合は通常の小さな刺し傷と同じように応急処置をする。直ちに消毒してから絆創膏を貼ってください。

3. 傷口の状態を確認する。

タランチュラによっては、傷口が腫れたり赤くなったりする毒を注入する種類もいます。この場合は2～6時間、痛みが継続するでしょう。12時間をすぎても痛みが引かない場合や、より深刻な症状がある場合は病院に行ってください。どうにもならない場合を除いて、車の運転は避けてください。

4. 腫れがひどい場合は、抗ヒスタミン剤を使う。

効果が出るのに時間がかかりますが、顔の強い赤らみ、目のかすみ、めまい、顔や目のまわりの大きな腫れ、呼吸困難などのアレルギー症状が出ている場合には、抗ヒスタミン剤が効くことが多いです。
ただし、判断が難しい場合は、薬を飲む前に医療機関に問

い合わせたり、病院で受診するようにしましょう。

5. 合併症に注意する。

噛まれたことで命を落とすことはありませんが、恐ろしいのは感染症です。破傷風の兆候（筋肉の硬直、痙攣、発熱、ひきつけ、嚥下障害、不整脈、呼吸困難など）、野兎病の兆候（発熱、吐き気、リンパ節の腫れ、喉の痛み、嘔吐、下痢など）、敗血症の兆候（発熱と解熱の繰り返し、呼吸の促迫、ショック状態、見当識障害、排尿困難、手足の腫れ、唇や爪が青くなるなど）を見逃さないこと。

［プロの助言］

▶ 基本的に、タランチュラは大きいだけの普通のクモです。不用意に手を出したりしなければ、滅多に噛みついてきません。

▶ タランチュラから人間や脊椎動物に感染する病気はありません。破傷風、野兎病などの感染症は、タランチュラに噛まれたことが原因ではなく、噛まれた傷口を適切に処置しなかったことによるものです（手順5を参照してください）。

▶ タランチュラは、北米ではミシシッピ川以西、さらに南米などの温暖な地域に生息しています。砂漠の奥地、草木の生い茂った場所、低木林、熱帯雨林などを好む習性があります。多くのタランチュラが地中に掘った穴を巣としますが、中には木に住みついたり、人間の住宅の軒下や屋根裏に巣を作ったりするものもいます。

▶ タランチュラは夜行性で、見つけようと思わない限り見つけられない生物です。見つけやすいのは、昼間にメスを探して歩きまわっている成虫のオスです。

▶ タランチュラを手でつかんだりしないこと。タランチュラの腹部は硬い毛で覆われています。その毛は非常に抜けやすく、空気中を漂って人間の皮膚に刺さる可能性があります。銛のように返しがついているので、一度刺さると簡単には抜けません。発疹やじんましんの原因になる恐れがあります。

もしもサソリに刺されたら

1. 平静を保つ。

サソリに刺されたら強い不安に襲われるのも当然ですが、パニックにだけはならないように平静を保ってください。実は強力な毒を持つサソリというのは意外に少なく、大人であれば命に関わるようなことはほぼありません。とてつもなく痛いですが。

2. 温めるか冷やすかして、痛みをやわらげる。

最も痛みが強いのは、針を刺された患部です。鎮痛剤があるなら、さっさと飲んでおきましょう。

3. アレルギー反応が起きたら、抗ヒスタミン剤を服用する。

サソリの毒には、人によっては喘息や発疹を引き起こす原因となるヒスタミンが含まれています。アレルギー反応への応急処置は判断が難しい場合があるので、心配なときは、薬を飲む前に医療機関に問い合わせたり、病院で受診するようにしましょう。

4. 不整脈、手足を刺すような痛み、手足や指の麻痺、呼吸困難などの症状がないか注意深く観察する。

多くの場合、サソリに刺された患部が一瞬痛むだけで済むはずです。ハチに刺されたときの痛みとよく似ています。刺されてから数分をかけて、全身に痛みが広がる場合もあります。特に脇の下や股関節といった関節部分に痛みが出ることが多いです。顔、口、喉のしびれ、筋肉の痙攣、発汗、吐き気、嘔吐、発熱などの全身症状が出ることもあります。これらは慌てるような症状でも、命に関わるような症状でもありません。だいたい1〜3時間で落ち着くでしょう。患部だけは、外部からの刺激や気温の変化などによって痛みや不快感が残ることもあります。

5. 上記の症状が出たら病院へ行く。

患者が幼い子供の場合は、直ちに病院へ連れていってください。大人の場合は、そこまで慌てなくても大丈夫です。サソリの毒によって命を落としたり、症状が劇的に悪化したりする可能性は非常に低いです。だいたい12時間以内に

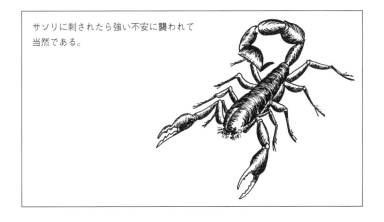

サソリに刺されたら強い不安に襲われて当然である。

病院へ行っておけば大丈夫でしょう。

6. サソリの毒は少量で、すぐに傷口から離れたところまで流れていくので止血帯は使わない。

止血帯の使用は無意味なだけでなく、使い方を間違えると余計なダメージまで与えかねません。

7. 傷口を切って毒を吸い出そうとしない。

感染症の恐れがあると同時に、吸い出そうとした人にまで毒の影響が出てしまうかもしれません。

［プロの助言］

▶ サソリは夜間に獲物や交尾の相手を探します。種類によって異なりますが、巣穴や木や石の割れ目など、日中はどこかに隠れているものです。靴、衣類、寝具、タオルなどに隠れていることもあるので気をつけましょう。不意に触れてしまうと、驚いたサソリに刺されてしまいます。サソリやヘビが生息している地域では、衣類などはよく振ってから着用、使用するようにしましょう。寝具も、眠る前にしっかり確認すること。

▶ サソリは簡単に建物内に侵入してくるので、遭遇する確率は高いです。驚かせたり、怖がらせたりすると刺されますが、何もしなければ刺される危険もありません。

▶ サソリの毒で、健康な大人の人間が命を落とすことはありません。種類によって毒の強さは異なりますが、中にはコブラより強力な神経毒を持つサソリもいます。しかし、サソリが一度に注入する毒は（ヘビに比べて）少量なため、一度刺されたくらいでは命に別状はありません。

もしもピラニアがいる
川を渡らなきゃ
ならなくなったら

1. 体に傷がある場合は川に入らない。

ピラニアは血のにおいに敏感です。

2. 魚が網にかかっている水域、魚がまったくいない水域、鳥が群がっている水域は避ける。

ピラニアのエサ場である可能性があり、より活動的になっている危険性もあるので注意してください。

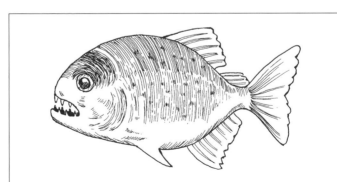

ピラニアが活動的に獲物を探すのは日中なので、川を渡るのは夜間にすること。

3. ピラニアがエサを食べているときは水に入らない。

ピラニアが群れになって獲物に襲いかかっているときは、かなりの興奮状態にあります。そのため、うっかり近づいてしまうと手当たり次第に嚙みついてくる可能性があります。速やかにその場を離れて、川上に向かいましょう。

4. 夜になってから川を渡る。

基本的には、どの種類のピラニアも夜は眠っています。たとえ起こされたとしても、攻撃を仕掛けるよりも先に逃げ出してしまうでしょう。ピラニアが活動的になるのは夜明け頃ですが、体の大きな成魚は夕方に狩りをするものもいます。

5. 静かに、かつ迅速に離れる。

ピラニアを起こさないように、波を立てずにそっと渡りましょう。

[プロの助言]

▶ ピラニアは熱帯地方に生息する淡水魚です。野生のピラニアが生息するのは南アメリカの流れが穏やかな川か、川が氾濫してできた水たまりのみです。山の中の湖や河川、冷たすぎたり流れが速すぎたりする川には生息していません。

▶ 基本的に、ピラニアが人間や大型の動物を襲うことはありません。すでに死亡、または負傷している場合はその限りではありません。しかし乾季でエサが乏しくなると、より攻撃的になることもあります。牧場主が牛を連れてピラニアの生息する川を渡らなくてはならないときは、病気やケガで弱っている牛を下流で放って生け贄にする場合もあります。ピラニアが生け贄を襲っているあいだに、健康な群れを移動させるというわけです。

もしも手足を切断された人に遭遇したら

1. 出血している動脈を見つける。

脈拍に合わせて、勢いよく血液が飛び出してくるのが動脈からの出血です。

2. 最も出血量の多い、太い動脈を指でつまむ。

腕は上腕動脈が、足なら大腿動脈が主要な動脈なので、これらを探してください。次の手順を行うあいだも、動脈から指を離さないでください。被害者本人、または第三者につまんでおいてもらいましょう。

3. 止血帯を用意する。

少なくとも2.5センチ以上の幅がある布などを選んでください。切断された手足の付け根ギリギリを縛ること。そうでないと、きつく縛ったときに外れてしまいます。まずはゆっくり、適度な力で締めてください。いきなり全力で締めてしまうと無事だったはずの組織まで損傷させてしまいかねません。流血が止まるくらいの強さで十分です。動脈からは指を離さないようにします。

4. つまんでいる動脈を縛る。

理想的なのは釣り糸ですが、手元になければデンタルフロス、もしくは何かしらの丈夫な糸で、動脈の端を縛ってください。固結びをした上から、念のためにもう一度結んでおきましょう。結び目がほどけてしまう可能性もあるので、できれば二箇所を縛っておきましょう。

5. 傷口をきれいにする。

- 感染症予防はしっかりしましょう。
- 傷口に入りこんだ異物を取り除いてください。
- 損傷した皮膚や組織はナイフやハサミで切り取ってください。
- 流水でよく洗い流してください。

6. オプション：傷口を焼灼する。

アイロンや熱した金属を使います。出血が止まらない血管の場所を、しっかり確認してください。傷口を洗い流す際に、異物や凝固した血液などを取り除きながら確認しておくといいでしょう。布やガーゼで傷口を押さえて、血管の場所を確実に把握しておくこと。そして、その場所を目がけて焼灼してください。完全に出血が止まらなくても心配はいりません。大量出血さえ抑えられれば、あとは包帯などで対応できます。

7. 止血帯を緩める。

止血帯を緩めても大量出血しないようであれば、それ以上動脈を縛ったり焼灼したりする必要はありません。出血量が減っていれば応急措置としては成功です。止血帯は外してしまって構いません。傷口の組織が損傷する恐れがあるため、止血帯は必ず90分以内に外してください。

8. 傷口に包帯を巻く。

傷口に抗生物質の軟膏を塗ってください（バシトラシン、ポリミキシン、ムピロシンなど）。それから、清潔な布やガーゼで傷口を覆ってください。伸縮性のある包帯があると、しっかり固定できます。しっかり巻けば巻くほど出血量を抑えられます。

9. 傷口を高く上げて出血量を減らす。

10. 包帯の上から傷口を冷やす。

11. また大量出血する可能性もあるので、止血帯はいつでも使えるようにしておく。

12. 痛みと失血によるショック状態に対処する。

鎮痛剤を飲ませて痛みをやわらげてください。ショック症状は、肉料理を食べたり、塩を水に溶かして摂取したりすることでやわらぎます（たとえばチキンスープなど）。肉料理と塩分が、血漿とヘモグロビンの値を回復してくれます。

切断された手足を保存しておく方法

1. 水洗いする。

2. 濡らした清潔な布で包む。

3. 防水製の袋に入れる（プラスチック製の保存袋など）。

切断された手足を保存するには、優しく水洗いして、濡らした
清潔な布で包む。それを防水製の袋に入れて冷やしておく。

４．冷やしておく。

ただし凍らせないこと。凍らせると繊維が破壊されてしま
います。氷を入れたクーラーボックスか、冷蔵庫に入れて
おくのがいいでしょう。

５．早急に病院へ行く。

適切に保存できていれば、６時間以内に病院に行けば縫合
してもらえます。

［プロの助言］

▶ 外傷性切断自体は、通常命に関わるようなものではありません。まず対処すべきなのは動脈からの大量出血、次に静脈からの出血、それから痛み、最後に感染症です。この中で命に関わるのは、数分で命を落とすこともある大量出血のみです。

▶ 切断された手足を水に浸けると組織が損傷してしまい、病院へ行っても接合できない可能性があります。川や湖で冷やす場合は、防水製の袋に入れてから水に浸けるようにしてください。

もしも
ヒルに遭遇したら

1. ヒルの体の真ん中をつかんで引き離そうとしない。塩、熱源、殺虫剤なども使用しないこと。

強くつかんだり、塩をかけたり、焼いたりして追い払おうとすると、吸血中のヒルが血を吐き戻してしまい、消化器官に生息しているバクテリアが体内に侵入して感染症を引き起こす危険性があります。

2. ヒルの口に当たる部分を探す。

ヒルの体にある小さな穴を探してください。よく言われているように、大きな吸盤を探すのは間違いです。

3. ヒルの口が当たっている、すぐ横の皮膚に爪を立てる（ヒルそのものではないので注意）。

4. そっと指を滑らせて、ヒルを横に押しやる。

口から皮膚が離れれば、ヒルは血を吸うのをやめます。ヒルを押しやった指に吸いついてくる場合がありますが、たとえ指に吸いついてきたとしても、すぐに血を吸い始めるわけではありません。

口は体の細いほうにある。

口のすぐ横に爪を立てる。

そのまま指でヒルを押しやる。

口を横に押しながら、体の後ろ部分をつまみ上げるか、横に押しやる。

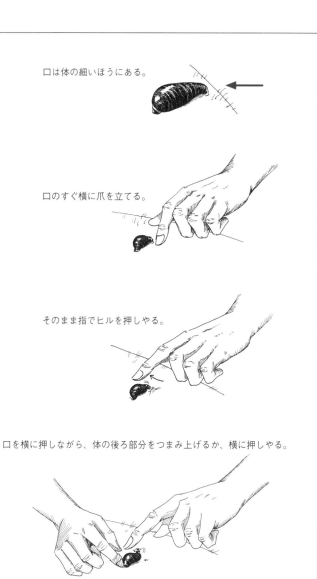

5. 体の後ろにある吸盤を皮膚から離す。

ヒルが再び吸いつこうとするのを指で防ぎながら、体の後ろの部分を押しやるか、つまみ上げて吸盤を皮膚から剝がします。

6. ヒルを処分する。

まだヒルが指に吸いついている可能性があります。その場合は、指ではじいて外してください。簡単に外れるはずです。あとは、ヒルの体に塩か殺虫剤を直接かけて放置するだけです。

7. 傷口を治療する。

ヒルが注入した抗凝血性の成分が薄れれば、傷はすぐに治るでしょう。消毒して、必要であれば絆創膏を貼っておきましょう。傷口がかゆくても我慢してください。かゆみがひどい場合は抗ヒスタミン剤を使用してください。

ヒルが気道に入りこんだら

耳や鼻などにヒルが侵入することで、深刻な症状を引き起こす可能性もあるのがヒル症です。特にハナビル（"恐ろしく残忍なヒル"や"鼻腔ヒル"の異名を持ちます）は、動物の鼻腔を好む習性を持っています。大量のヒルが鼻腔に入りこむと、気道がふさがって窒息してしまいます。鼻腔にヒルが入りこんでも呼吸できているようであれば、無理やり引きぬこうとせずに病院へ急行してください。呼吸できない場合は、次の手順を試してください。

1. 80度のアルコールを水で薄めてうがいをする。

ウォッカ、ジン、ウイスキーなどの蒸留酒には、アルコール度数80度を超えているものもあります。アルコールと水を5対5の割合で割ってください。うがい中に鼻から呼吸しないように気をつけてください（ヒルとアルコールを一緒に吸いこむことになります）。

2. ヒルを吐き出す。

3. 引っぱり出す。

うがいでも排出されず、ヒルの姿が見えている場合は、指でつまんで引っぱり出してください。

[プロの助言]

▶ ヒルに噛まれても、命に関わるほど血液を失うことはありません。ヒルが離れても出血が続く場合もありますが、それくらいの出血なら何の心配もいりません。

▶ ヒルから人間に感染する寄生虫は確認されていません。

▶ 川などの流れている水場より、水たまりなどの流れのない水場のほうがヒルに遭遇する確率は高いです。さらに、沼などの濁った水場より、澄んだきれいな水場のほうが遭遇率は高いです。

▶ ヒルは、吸血時でなくとも表面が硬い物に貼りついています。そのため広い場所にいれば、ヒルに噛まれる危険性が低くなります。周囲に何もない、深いところで泳ぎましょう。桟橋の近くや、木の枝や石が大量に沈んでいる場所は避けること。ジャングルではトレイルから離れず、頭上から垂れ下がる枝やつるにも気をつけてください。

▶ ヒルは、水生であろうと陸生であろうと、非常に敏感な生き物です。空気の振動や体温で獲物を感知し、20個もの目で獲物の動きを捉えます。立ち止まらずに歩き続け、体にヒルがついていないか、こまめにチェックしましょう。

APPENDIX

一般的な旅行の攻略法

● 緊急連絡先

名刺に緊急連絡先をメモして、財布に入れておきましょう。担当医の名前、緊急時に連絡してほしい人の名前も記載しておくこと。緊急時に連絡してほしい人には、旅の日程表を渡しておき、滞在先の都市名も伝えておきましょう。

● トイレがピンチのとき

急にトイレに行きたくなったら、一番近くにある大きなホテルを目指してください。フロント付近に清潔なトイレがある可能性が高いです。高級ホテルなら、トイレ以外の設備も整っているはずです。電話、ファックス、Eメールなどのサービスも利用できるかもしれません。従業員に尋ねれば、丁寧に案内してくれるでしょう。

● 顔面がピンチのとき

デパートなら気軽に化粧直しができます。化粧品売り場に行けば、サンプル品だけで口紅や香水などの化粧品も揃います。

● タクシー

トランクから荷物を下ろす場合は、タクシーを降りても後

部座席のドアを閉めないこと。ドアを閉めた途端に、タクシーが荷物を乗せたまま走り去ってしまうかもしれません。

● 隠し場所

パッドが取り外せるブラジャーは、紙幣の隠し場所に最適です。タンポンが入っていたプラスチックケースを再利用するのもありです。いくら強盗とはいえ、そんなところまで調べる人は多くはないはずです。

荷造りの攻略法

● 目印をつける

ひと目で自分の荷物だとわかるようにしておきましょう。持ち手にバンダナを巻いたり、カラフルなタグをつけたりするのもいいでしょう。旅行用カバンはデザインが似ていることが多いです。あなたには見分けがついたとしても、中にはパッパラパーの人もいます。目印をつけておけば、遠くからでも自分のカバンを見つけられます。鍵の代わりに、プラスチック製のバンドを購入してジッパー部分に巻きつけておくのも有効です。絶対に安心というわけではありませんが、簡単に開けられる荷物を探している泥棒相手には抑止効果が期待できるでしょう。

● 預けるか、手荷物か

乗り継ぎ時、または到着してすぐに必要なものは手荷物に入れておきましょう。医薬品、洗面道具、着替え（最低限、下着だけでも）など。預けた荷物の紛失や到着の遅延に備えて、代替のきかないものです。高価なものも手荷物にしておくこと。ほとんどの航空会社は、荷物に損害が出たとしても10万円程度しか補償してくれません。信頼できる間柄の人と旅行に行く場合は、互いの衣類を半分ずつキャリーケースに入れてください。そうすれば、万が一どちらかの荷物が紛失しても、半分は手元に残ります。

● しわ防止

衣類をドライクリーニングに出したときに入れてもらえるビニール袋を、服のあいだにはさんでおきましょう。小さなものは密閉できる食料保存袋に入れるとしわ防止になります。

● 収納術

荷物を入れる隙間がなくなったら、一度カバンのチャックを閉めてから床に数回落とします。荷物が圧縮されて、若干の余裕ができます。

● 専用ケースを避ける

高価な電子機器（カメラ、ビデオ、ノートパソコンなど）を持ち歩く場合は、ひと目でそれとわかるような専用のケースに入れないこと。代わりに、おむつを入れるようなマザーズバッグなどを使用しましょう。マザーズバッグを狙う泥棒はそういないですし、ポケットも多くて使いやすいです。

● おとりの財布

少額の現金と写真つきの身分証明書（運転免許証やパスポートはダメですよ）を入れた"路上強盗用の財布"を用意しておきましょう。本物の財布に見えるように、なくなっても構わないカード類も入れておくこと。少額の買い物ではこの財布を使い、路上強盗に出くわしたら迷うことなく差し出しましょう。目立つポケットに入れてラバーバンドなどでつないでおくといいでしょう。盗られそうになっても、バンドが引っぱられて気づけます。引っぱられていると感じたら、荷物を上下ではなく左右に揺らしてみてください。誰かが引っぱっていたら、すぐに気がつくはずです。

飛行機の攻略法

● ベストな座席

エコノミークラスでは、非常口付近か、前に座席がなくて
足下が広くなっているバルクヘッドシートが最良だと言え
ます。これらの座席は早い者勝ちで埋まっていきますので、
早めに予約しましょう。通常の出入り口付近も安全性の高
い座席位置です。何かあっても、出口はすぐそこですから
ね。

● アップグレード

空席があれば、空港や機内で簡単に頼めます。マイレージ
特典を使うには正規料金で航空券を購入していないといけ
ないケースもありますが、スタンバイアップグレードを申
しこめる場合もあります。お客様番号を提示し、空港の係
員に「ファーストクラスかビジネスクラスにアップグレー
ドしたい」と頼んでみましょう。客室乗務員と仲よくなっ
てアップグレードしてもらうという手もあります。中には、
搭乗時に差し入れ（クッキーやドーナツなど）を持参する
旅行客もいるようです（日本の航空会社では、むしろ迷惑
がられそうですが……）。また、隣り同士で座りたがって
いる乗客に席を譲ってあげたりしてもアップグレードして
もらえることがあるようです。すべては態度次第というこ
とです。

● キャンセル

搭乗予定の飛行機がキャンセル（または遅延が生じたせいで乗り継ぎに間に合わないなどという状況）になったら、航空会社か旅行代理店に連絡して再予約をお願いしましょう。長い行列に並んでイライラせずに済むかもしれませんよ。搭乗口の行列があまりに長すぎる場合には、チケットカウンターに戻って予約を取り直すのも手です。

他の方法は、別の航空会社を利用して目的地へ向かうルートを探すことです。いつ乗れるかもわからない飛行機を何時間、あるいは一晩中、空港で待つくらいなら、別の航空会社の飛行予定と空席状況を調べ、航空会社や旅行代理店に連絡をしてチケットを変更してもらいましょう。そのとき、預けていた荷物が行方不明にならないように注意してください。

● 時差ボケ

時差ボケにならないためには、飛行機に乗る前、乗っている最中、降りたあとにたくさんの水を飲むことです。時差がある地域への旅が決まったら、よく運動し、よく食べ、よく眠っておきましょう。喫煙と飲酒は避けたほうがいいです。機内での食事は軽めにしておきましょう。空気を注入して膨らませるタイプの枕を購入しておくと、機内でも快適に眠れます。

ホテルの攻略法

● **部屋のアップグレード**

予約したにもかかわらずチェックイン時に部屋の用意ができていない場合には、部屋のアップグレードを要求するか、別のホテルを確保してもらいましょう。トイレの故障、シャワーの水漏れ、ルームサービスの不手際などがあった場合も、遠慮なく不満を伝えましょう。問題点が改善されれば、より快適な滞在を楽しめます。運がよければ宿泊代も割り引いてもらえるかもしれませんね。

● **迷子防止**

現地の言葉を習得していない場合は、ホテル名と住所が記載されたマッチ、ポストカード、パンフレットなどをフロントでもらっておきましょう。タクシーの運転手に見せたり、現地の人に道を尋ねたりするときに使えます。

● **セキュリティ**

「掃除してください」の札をドアに下げるのはやめておきましょう。部屋が無人だと周知しているだけです。そんなものをぶら下げなくても、清掃係はちゃんと掃除をしてくれます。

● 濡れた衣服を乾かす

ハンガーにかけて、電気をつけたままの浴室に下げておきます。翌朝には乾いているはずです。

● 湿度調節

築年数の浅いホテルでは窓が開けられないことが多く、空調によって体が脱水状態になる恐れがあります。口はカサカサ、喉はカラカラになって目覚めるのを避けるには、濡らしたタオルをイスの背もたれにかけておくといいでしょう。ぶら下げたタオルの下にはゴミ箱を置き、水滴が床に垂れないようにしてください。濡れたタオルが加湿器代わりになります。

危険地帯の攻略法

● 下調べは入念に行う

米国務省がサイトに、世界中の警戒情報（紛争、テロ攻撃、暴動など）を掲載しています。日本の外務省も「海外安全ホームページ」（https://www.anzen.mofa.go.jp/）で危険情報を掲載しています。

● 身分証明書の写真

友人、配偶者、子供と旅行に行く場合は、何かあったときのために全員分の身分証明書をカラーコピーしておくこと。パスポートとクレジットカードのカラーコピーを、なくさないように大切に持ち歩きましょう。

● 服装

攻めた服装はしないこと。ひと目で裕福だとわかるような装いや小物使いも避けてください（ブランド品、金の腕時計、高価な宝石類、カメラ、スマホなど）。

● 写真撮影

写真を撮りたいときは、必ず事前に許可を取ってください。盗撮になってしまいます。軍事施設、政府関係の建物、現地の人たちに不用意にカメラを向けないこと。

危機的状況で役立つ
外国語

外国で窮地に陥ったとき、現地の言葉を知っているのと知らないのとでは結果が大きく変わります。言語学習には使えませんが、ピンチのときにサッと使えると助かるフレーズをまとめておきました。地域によって多少の差はありますが、言いたいことを伝えられる確率は飛躍的に上がるはずです。英語、スペイン語、フランス語、ドイツ語のフレーズを紹介します。

助けて！
Help!（英語）
¡Socorro!（スペイン語）
Au secours!（フランス語）
Hilfe!（ドイツ語）

泥棒め、待て！
Stop, thief!（英語）
¡Alto, ladrón!（スペイン語）
Arrêtez-vous, voleur!（フランス語）
Halt, Dieb!（ドイツ語）

逃げろ！

Run!（英語）

¡Corre!（スペイン語）

Courez!（フランス語）

Lauf!（ドイツ語）

この中に医者／パイロット／弁護士はいませんか？

Is there a doctor/pilot/lawyer in the building?（英語）

¿Hay un médico/piloto/abogado en este edificio?
（スペイン語）

Y a-t-il un médecin/un pilote/un avocat dans le
bâtiment?（フランス語）

Gibt es einen Arzt/Pilot/Anwalt im Haus?（ドイツ語）

こんにちは、大ケガをしているんです。

Hello – I have been seriously wounded.（英語）

Hola – tengo una lesión grave.（スペイン語）

Bonjour, – je suis sérieusement blessé(e).（フランス語）

Guten Tag – ich bin schwer verletzt worden.（ドイツ語）

大量出血をしています。

I am bleeding profusely.（英語）

Estoy sangrando mucho.（スペイン語）

Je saigne abondamment.（フランス語）

Ich blute stark.（ドイツ語）

あなたのベルトを止血帯に使ってもいいですか？

May I use your belt as a tourniquet?（英語）

¿Podría yo usar su cinturón para un torniquete?（スペイン語）

Je peux utiliser votre ceinture comme tourniquet?
（フランス語）

Darf ich Ihren Gürtel als Aderpresse benutzen?（ドイツ語）

血を拭きたいので、タオルを貸してくれますか？

May I borrow a towel to wipe up the blood?（英語）

¿Me presta una toalla para limpiar la sangre?（スペイン語）

Je peux emprunter une serviette pour éponger le sang?
　（フランス語）

Darf ich ein Tuch borgen, um das Blut abzuwischen?
　（ドイツ語）

きれいな病院に連れていってくれますか？

Would you please take me to a clean hospital?（英語）

¿Me podría llevar a un hospital bueno?（スペイン語）

Pourriez-vous m'emmener à un hôpital propre, s'il vous
　plaît?（フランス語）

Würden Sie mich bitte in ein sauberes Krankenhaus
　bringen?（ドイツ語）

これは安全な食べ物ですか？

Is this safe to eat?（英語）

¿Se puede comer?（スペイン語）

On peut manger ceci sans danger?（フランス語）

Sind Sie sicher, dass man das essen kann?（ドイツ語）

なぜ、この水は茶色／緑色／黒色なのですか？

Why is the water brown/green/black?（英語）

¿Por qué es turbia/verde/negra el agua?（スペイン語）

Pourquoi l'eau est-elle brune/verte/noire?（フランス語）

Warum ist das Wasser braun/grün/schwarz?（ドイツ語）

これは、何の肉ですか？

What kind of meat is this?（英語）

¿Qué tipo de carne es ésta?（スペイン語）

Quel type de viande est-ce que c'est?（フランス語）

Was für Fleisch ist das?（ドイツ語）

ごめんなさい、怒らせるつもりはなかったんです。
I am sorry − I did not mean to offend you.（英語）
Lo siento − no quise ofenderlo/ofenderla.（スペイン語）
Je suis désolé(e) − je ne cherchais pas à vous offenser.
　（フランス語）
Es tut mir leid − ich wollte Sie nicht beleidigen.
　（ドイツ語）

乱暴はやめてください。
Please do not injure me.（英語）
Por favor, no me lastime.（スペイン語）
Ne me blessez pas, s'il vous plaît.（フランス語）
Verletzen Sie mich bitte nicht.（ドイツ語）

私を怒らせないでください。
Do not make me angry.（英語）
No me enoje.（スペイン語）
Ne me fachez pas.（フランス語）
Ärgern Sie mich nicht.（ドイツ語）

あなたを傷つけたくない。
I do not wish to hurt you.（英語）
No le quiero hacer daño.（スペイン語）
Je n'ai pas l'intention de vous blesser.（フランス語）
Ich will Ihnen nicht weh tun?（ドイツ語）

大量に出血していますか？
Is it bleeding much?（英語）
¿Está sangrando mucho?（スペイン語）
Ça saigne beaucoup?（フランス語）

Blutet es stark?（ドイツ語）

お金／カメラ／腕時計をあげるので、許してください。

Please forgive me, and accept this money/camera/watch
　　as a gift.（英語）

Disculpe, por favor, y acepte este dinero/esta cámara/
　　este reloj como regalo.（スペイン語）

Pardonnez-moi, et veuillez accepter cet argent/cet
　　appareil-photo/cette montre comme cadeau.
　　（フランス語）

Bitte verzeihen Sie mir, und akzeptieren Sie dieses Geld/
　　diese Kamera/diese Uhr als Geschenk.（ドイツ語）

一番近い大使館／空港／病院／警察署はどこですか？

Where is the nearest embassy/airport/hospital/police
　　station?（英語）

¿Dónde está la embajada/aeropuerto/hospital/estación
　　de policía más cercano a?（スペイン語）

Où se trouve l'ambassade/l'aeroport/l'hôpital/la
　　gendarmerie le/la plus proche?（フランス語）

Wo ist die nächste Botschaft/der nächste Flughafen/das
　　nächste Krankenhaus/das nächste Polizeiamt?（ドイツ語）

ええ、書類ならありますよ。

Yes, I have my papers.（英語）
Sí, tengo mis documentos.（スペイン語）
Oui, j'ai mes papiers.（フランス語）
Ja, ich habe meine Papiere.（ドイツ語）

書類はどこですか？

Where are your papers?（英語）
¿Dónde están tus documentos?（スペイン語）

Où sont vos papiers?（フランス語）
Wo sind Ihre Papiere?（ドイツ語）

それは言えません。

I'm not going to tell you.（英語）
No se lo voy a decir.（スペイン語）
Je ne vous dirai pas.（フランス語）
Ich sage es Ihnen nicht.（ドイツ語）

隠れられる場所はありますか？

Do you know a place where I can hide?（英語）
¿Sabe usted dónde puedo esconderme?（スペイン語）
Vous connaissez un endroit où je peux me cacher?
　（フランス語）
Wissen Sie, wo ich mich verstecken kann?（ドイツ語）

この車の最高速度は？

How fast can this car go?（英語）
¿A cuánta velocidad puede ir este coche?（スペイン語）
À quelle vitesse cette voiture peut-elle rouler?（フランス語）
Wie schnell kann dieses Auto fahren?（ドイツ語）

ここから逃げるのにかかる最短の時間は？

How quickly can you leave?（英語）
¿Se puede ir lo más pronto posible?（スペイン語）
En combien de temps pouvez-vous partir au plus vite?
　（フランス語）
Wie schnell können Sie mich von hier wegbringen?
　（ドイツ語）

国境までどれくらいですか？

How far is it to the border?（英語）

¿A qué distancia está la frontera?（スペイン語）
C'est quelle distance à la frontière?（フランス語）
Wie weit ist es bis zur Grenze?（ドイツ語）

絶対に口は割りませんよ。
You will never make me talk.（英語）
Usted nunca me hará hablar.（スペイン語）
Vous ne me ferez jamais parler.（フランス語）
Sie werden mich nie zum Sprechen bringen.（ドイツ語）

避けるべきジェスチャー

バーでグラスを逆さまに置く

アメリカやその他の国々では、グラスを逆さまに置くのは
"これ以上飲み物はいらない"という意思表示です。しか
しオーストラリアの一部のパブでは、飲み終えたグラスを
逆さまに置くのは"この中の誰とケンカしても勝てるぞ"
という意思表示になってしまいます。

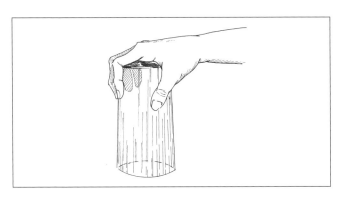

アイコンタクト

パキスタンでは、じっと目を見て話すのは普通のことです。
熱い視線を送られても、相手に他意はありません。
逆にジンバブエでは、目を合わせすぎないように注意して
ください。地方では特に、失礼に当たる行為とされていま
す。

ニューヨークの地下鉄、電車、バスの車内ではアイコンタクトを避けましょう。本や新聞を読んだりして、一箇所をじっと見つめないこと。事件に巻きこまれないように、気配を消しておきましょう。

フィグ・ジェスチャー

フィグ・ジェスチャーとは、握り拳の人差し指と中指のあいだから親指を出すポーズです。多くの中南米諸国では男根を表すジェスチャーであり、きわめて失礼だと見なされています。しかしブラジルでは、同じポーズで"グッドラック"の意味になります。アメリカの一部地域では、大人が幼い子供の鼻をつまんだあとにこのポーズを取り、「鼻が取れちゃったよ！」とおどかして遊ぶこともあります。

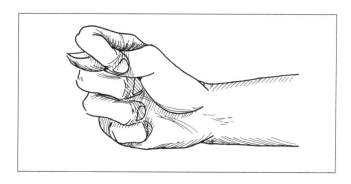

OKサイン

親指と人差し指を輪っかにするジェスチャーは、アメリカでは "順調だ" という意味のハンドサインです。

しかしブラジル、ドイツ、ロシアでは肛門を表すジェスチャーであり、相手を侮辱するときに見せるポーズです。フランスでも侮辱的なポーズとされています。数字のゼロや無価値であることを示すハンドサインです。しかし鼻の上で輪っかを作った場合は、"酔っ払ってます" のサインとなります。

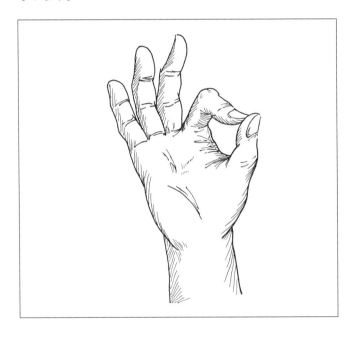

情報提供者の紹介

序文

David Concannon（デビッド・コンカノン）：エクスプローラーズ・クラブの会員であり、同クラブの法律委員会では委員長を務めている。四大陸を広く探検しており、そのほとんどで成功を収めてきた。タイタニック号の調査も行っており、2000年7月29日の潜水調査を皮切りに、水深約3800メートルでの調査を三度成功させている。

チャプター1　いざ目的地へ
もしもラクダが暴走したら

Philip Gee（フィリップ・ギー）：サファリ・オペレーター。オーストラリアをラクダに乗ってまわるツアーを提供する Explore the Outback（www.austcamel.com.au/explore.htm）の経営者。

もしも列車が暴走したら

Tom Armstrong（トム・アームストロング）：鉄道業界で25年以上勤務している。1977年に機関士としてのキャリアをスタートさせ、カナダ太平洋鉄道の事故防止コーディネーターとしても活躍。カナダ、サスカトゥーン在住。

もしも車のブレーキが故障したら

Vinny Minchillo（ヴィニー・ミンチーロ）：スタントカーレース・ドライバー。『Auto Week』、『Sports Car』、『Turbo』など、数多

くの自動車雑誌に寄稿。車を爆走させていないときは、ダラスの広告代理店で制作ディレクターを務める。

もしも馬が暴走したら

John and Kristy Milchick（ジョン・ミルチック、クリスティ・ミルチック）：馬の調教師。ケンタッキーにて Hideaway Stables という牧場でアメリカンクォーターホースという種類の馬の繁殖、調教、販売を行っている。ウェブサイト（www.hideawayhorses.com）では、馬の手入れや調教の仕方を公開している。

もしも飛行機を着水させなきゃならなくなったら

Arthur Marx（アーサー・マークス）：飛行インストラクター。パイロットとして20年間の経験を持ち、マーサーズ・ビニヤード島にある Flywright Aviation という飛行訓練とチャーター便提供の会社を経営している。ATP（定期運送用操縦士）の資格も所有しており、単複エンジン機や計器の審査も行っている。

Tom Claytor（トム・クレイター）：辺境地専門のパイロット。七大陸単独飛行に挑戦した経歴がある（詳細は www.claytor.com）。エクスプローラーズ・クラブの会員であり、『ナショナル・ジオグラフィック』誌の特集「Flight Over Africa」に登場。1993年にはロレックス賞を受賞。

もしも飛行機事故に巻きこまれたら

William D.Waldock（ウィリアム・D・ウォルドック）：エンブリー・リドル航空大学で航空科学を担当する教授。同大学がアリゾナ州に設置した航空安全教育センターの副所長も務める。75件以上の墜落事故調査と200件以上の分析作業に携わってきた。ロバートソン航空安全センターを運営し、飛行経験は20年以上に及ぶ。

チャプター2　コミュ力勝負

もしも暴動に巻きこまれたら
Real World Rescue 社の主任コンサルタント（匿名希望）：特殊作戦やテロ対策に携わって20年以上。同社は、米国サンディエゴを拠点に、米国政府の特殊部隊や連邦政府の法執行官を対象に国際テロリストとの戦い方や第三世界でのサバイバル術を伝授する、小さな旅行会社である。

もしも人質になったら
Real World Rescue 社の主任コンサルタント（匿名希望）

もしも賄賂が必要になったら
Jack Viorel（ジャック・ヴィオレル）：中央アメリカと南アメリカでの教員経験を持つ。北カリフォルニア在住。

もしも詐欺師に遭遇したら
Steve Gillick（スティーブ・ギリック）：Canadian Institute of Travel Counselors-Ontario の取締役。著書に『Defining Travel Common Sense』と『Son of Scam』がある。

もしもUFOに誘拐されそうになったら
The Society for the Preservation of Alien Contact Evidence and Geographic Exploration（地球外生命体への関心を高める運動をしている民間団体）。著書に『UFO USA: A Traveler's Guide to UFO Sightings, Abduction Sites, Crop Circles, and Other Unexplained Phenomena』がある。

もしも路上強盗に狙われたら
George Arrington（ジョージ・アリントン）：自己防衛術を教えて25年以上になるインストラクター。壇山流柔術師範の黒帯4段。空手、合気道、太極拳、八卦掌、形意拳なども極めてい

る。

もしも泥棒を追跡することになったら

Robert Cabral（ロバート・カブラル）：自己防衛術のインストラクター。ロサンゼルス西部の The International Academy of Martial Arts の設立者でもある。警察に攻撃術を教えた経験もあり、ハリウッドではボディーガードを10年間務めた。沖縄空手道の上級資格保有者。

Brad Binder Ph.D.（ブラッド・バインダー博士）：ウィスコンシン州を拠点とする警備護衛会社 W.R. Associates, Inc. の副社長。私立探偵、護衛係などをしながら個人や企業を対象に警備の相談にも乗っている。

もしも尾行されたら

Robert Cabral（ロバート・カブラル）
Brad Binder Ph.D.（ブラッド・バインダー博士）

チャプター3　とにかく逃げまわれ
もしも屋上から屋上へ飛び移らなきゃならなくなったら

Christopher Caso（クリストファー・カソ）：スタントマン。『バットマン＆ロビン Mr.フリーズの逆襲』（1997年公開）、『ロスト・ワールド／ジュラシック・パーク』（1997年公開）、『THE CROW ／ザ・クロウ』（1996年公開）などの映画で高所からの落下スタントを披露している。

もしも走行中の列車から飛び降りることになったら

Christopher Caso（クリストファー・カソ）

もしも車ごと崖から落ちそうになったら

Christopher Caso（クリストファー・カソ）

もしも体を拘束されたら

Tom Flanagan（トム・フラナガン、別名"アメージング・フラナガン"）：脱出マジックを得意とするマジシャン。
参考図書：『The Book of Survival』（アンソニー・グリーンバーグ著）

もしもバリケードをぶち破らなきゃならなくなったら

Vinny Minchillo（ヴィニー・ミンチーロ）

もしも車のトランクに閉じこめられたら

Janette E. Fennell（ジャネット・E・フェネル）：Trunk Releases Urgently Needed Coalition（TRUNC）を設立し、トランクに閉じこめられた場合の安全な脱出方法を広めている。2001年から米国政府により設定されているトランク安全構造規則は、彼女の行動が実を結んだ結果である。

もしも線路に落ちたら

Joseph Brennan（ジョセフ・ブレナン）：「The Guide to Abandoned Subway Stations（Disused or Unused Underground Railway Stations of the New York Area）」を公表している。コロンビア大学のAcademic Information Systems所属。

もしもエレベーターが急降下したら

Jay Preston（ジェイ・プレストン）：安全技術コンサルタントであり、安全技術の専門家。全米安全技術協会の元ロサンゼルス支部長。

Larry Holt（ラリー・ホルト）：コネチカット州プロスペクトを拠点とするElcon Elevator Controls and Consulting社の上級コンサルタント。

チャプター4　外をふらふら
もしもジャングルで遭難したら
Jeff Randall（ジェフ・ランドール）、**Mike Perrin**（マイク・ペリン）：サバイバル術のエキスパート。Randall's Adventure and Training（www.jungletraining.com）を運営し、厳しい環境下や、中米やアマゾンなどのジャングルでのサバイバル術を伝授している。両者ともペルーの軍事サバイバル訓練学校にて、アマゾンでの飛行機墜落事故を想定したサバイバル訓練を修了している。

もしもコンパスなしで進むことになったら
Jeff Randall（ジェフ・ランドール）、**Mike Perrin**（マイク・ペリン）
参考図書：『アメリカ陸軍　サバイバルマニュアル』（鄭仁和訳・編、朝日ソノラマ出版）

もしも井戸に落ちたら
Andrew P. Jenkins Ph.D.（アンドリュー・P・ジェンキンス博士）：WEMT（Wilderness Emergency Medical Technician）という野外での医療救助活動に特化した資格を持つ。セントラル・ワシントン大学でCommunity Health and Physical Educationを担当する教授でもある。運動生理学、野外での応急処置、山岳救助にも精通。

John Wehbring（ジョン・ウェーブリング）：登山インストラクター。サンディエゴ山岳救助隊のメンバーでもある。山岳救助組合の元カリフォルニア支部長。自然保護団体Siera Clubにて、基礎登山コースを教えている。

John Lloyd（ジョン・ロイド）：アドベンチャー・コンサルタント。イギリスを拠点とするVLM adventure consultants所属（www.vlmadventureconsultants.co.uk）。個人、青少年団体、学校、企業などを対象に、アドベンチャースポーツを体験する場を提供している。

もしも地雷原に迷いこんだら

Real World Rescue社の主任コンサルタント（匿名希望）

もしも離岸流に飲みこまれたら

アメリカ国立気象局フロリダ州マイアミ支部

Robert Budman, M.D.（ロバート・バドマン医師、別名サーフドクター）：雑誌『Surf』のメディカルアドバイザー。

サーフライフセービング協会カリフォルニア支部

もしも足場の氷が割れたら

Tim Smalley（ティム・スモーリー）：Minnesota Department of Natural Resources にて、Boating and Water Safety Education Coordinator を務める。

もしも冷たい水に落ちたら

Tim Smalley（ティム・スモーリー）

もしも滝に落ちたら

John Turk（ジョン・ターク）：『Cold Oceans: Adventures in Kayak, Rowboat, and Dogsled』の著者。シーカヤックで北西航路を渡った経験があり、バフィン島とカナダ北極圏では犬ゾリで旅をした。51歳の誕生日翌日には、シーカヤックでホーン岬を周遊した。

Christopher Macarak（クリストファー・マカラック）：カヤックのインストラクター。コロラド州クレステッドビュートに Paddle TraX Kayak Shop という店を構えている。

もしも火山噴火に巻きこまれたら

Scott Rowland, Ph.D.（スコット・ローランド博士）：火山学者。『Hawaii Center for Volcanology Newsletter』を編集・刊行。

ニュースレター『the U.S. Geological Society』

チャプター5　食料とシェルターの確保

もしもホテルの高層階で火事になったら

David L. Ziegler（デビッド・L・ジーグラー）：火災と放火の調査を専門とするセキュリティ・コンサルティングの会社 Ziegler & Associates 社長（www.ziegler-inv.com）。アルコール、タバコ、火器及び爆発物取締局の元捜査官。火災調査官の資格も持ち、International Association of Arson Investigators（IAAI）のメンバーでもある。

John Linstrom（ジョン・リンストローム）：24万人の救急隊員に衛星放送やビデオ、インターネットを通じて訓練方法などの情報を提供する Fire & Emergency Television Network のエグゼクティブディレクター。Fire Protection Administration と Fire Science の学位を持つ。Master firefighter、Master Inspector、Fire Instructor、Fire Investigator、Fire Officer、Emergency Medical Technician でもある。

もしも飲み水もなく無人島に流れついたら

Jean-Philippe Soulé（ジーン゠フィリップ・ソウル）：Central American Sea Kayak Expedition 会長。French Mountain Commando Unit の元精鋭部隊。

Benjamin Pressley（ベンジャミン・プレスリー）：Windsong Primitives 設立者。『Backwoodsman』誌の編集者であり、『Wilderness Way』誌の南東部版編集者でもある。サイト「The U.S. Army Survival Manual」のウェブマスター。

もしも汚れた水を飲まなきゃならなくなったら

Andrew P. Jenkins Ph.D.（アンドリュー・P・ジェンキンス博士）

もしも雪の中に取り残されたら

John Lindner（ジョン・リンドナー）：Colorado Mountain Club にて Wilderness Survival School の科目を担当。公共事業

会社、捜索救助隊、政府機関に山岳地帯でのサバイバル術を伝授する Snow Operations Training Center の指導官も務める。

もしも津波に襲われたら

Eddie Bernard, Ph.D.(エディ・バーナード博士)：Pacific Marine Environmental Laboratory 所長。1993年に発生した北海道南西沖地震の津波被害米国調査団リーダー。Pacific Tsunami Warning Center 取締役。
National Tsunami Hazard Mitigation Program
NOAA Tsunami Research Program
International Tsunami Information Center

もしも砂嵐に襲われたら

Thomas E. Gill(トーマス・E・ギル)、**Jeffrey A. Lee**(ジェフリー・A・リー)：ギルは地球科学分野の特任教授。風工学の研究員として、テキサス工科大学に所属している。リーはテキサス工科大学の特任教授として、経済学と地質学を担当。両者とも、米国農務省とテキサス工科大学所属の科学者と技術者からなる Texas Wind Erosion Research PersonS (TWERPS) のメンバーであり、砂嵐の調査グループに属している。
the Office of Meteorology, National Weather Service
the U.S. Army Medical Research & Material Command

もしも釣り竿なしで魚を捕まえなきゃならなくなったら

Jean-Philippe Soulé(ジーン = フィリップ・ソウル)

もしも動物を捕まえなきゃならなくなったら

Ron Hood(ロン・フッド)：サバイバル術のエキスパート。米国陸軍にて野外訓練を受けた経歴を持つ。その後20年間、サバイバル術を伝授してきた。妻のカレンと共にサバイバル術のビデオ教材も製作。

チャプター6　病気やケガの対処法

もしもタランチュラに遭遇したら

Stanley A. Schultz（スタンリー・A・シュルツ）：American Tarantula Society会長。著書に『Tarantula Keeper's Guide, second Edition』がある。共著者でもある妻のマーガレットと共にカナダのカルガリーで約350匹のタランチュラを飼育している。

もしもサソリに刺されたら

Scott Stockwell（スコット・ストックウェル）：米国陸軍少佐。戦場での医療行為を得意とする昆虫学者でもある。サソリの毒に触れてしまった際の相談役も務める。サソリなどの毒虫に刺された回数が最も多い人間であると自負している。カリフォルニア大学バークレー校で昆虫学の博士号を取得し、テキサス州ヒューストンの陸軍基地に所属。

もしもピラニアがいる川を渡らなきゃならなくなったら

Paul Cripps（ポール・クリップス）：ペルーとボリビアへの冒険旅行を専門とするAmazonas Explorerの代表取締役。アマゾンでのガイド役を13年間務めた。

Dr. David Schleser（デビッド・シュレッサー博士）：研究者兼エコツアーのガイド。ピラニアの研究を行う傍ら、ブラジルやペルーのアマゾンで、自然を体感できるエコツアーのガイドを務めている。著書に『Piranhas: Everything About Selection, Care, Nutrition, Diseases, Breeding, and Behavior（More Complete Pet Owner's Manuals）』がある。

Barry Tedder（バリー・テッダー）：海洋生物学者であり、ジャングルにおけるサバイバルの達人でもある。アマゾン南部でピラニアを育成し、研究している。ニュージーランドの海軍所属。

Dr. Peter Henderson（ピーター・ヘンダーソン博士）：イギリ

スのライミントンを拠点とするPisces Conservation Ltd.の代表取締役。ピラニアや南米原産の魚類の研究を20年以上続けている。

もしも手足を切断された人に遭遇したら

Dr. James Li（ジェームズ・リー博士）：マサチューセッツ州ケンブリッジにあるHarvard Medical Schoolの救急救命医。米国外科学会にて、医師を対象にAdvanced Trauma Life Supportの講義を担当している。遠隔地における救急医療について、多数寄稿している。

もしもヒルに遭遇したら

Mark E. Siddall（マーク・E・シッドル）：ニューヨークにあるアメリカ自然史博物館の無脊椎動物部門副学芸員。

APPENDIX

危機的状況で役立つ外国語

スペイン語

Paul Carranza（ポール・カランサ）：University of Pennsylvaniaにて比較文学の博士号取得候補者。

フランス語

Jennifer Wolf（ジェニファー・ウルフ）：University of Pennsylvaniaにて比較文学の博士号取得候補者。

ドイツ語

Lisa Marie Anderson（リサ・マリー・アンダーソン）：University of Pennsylvaniaにてゲルマン系言語と文学の博士号取得候補者。

避けるべきジェスチャー

Roger E. Axtell(**ロジャー・E・アクステル**)：著書に『Gestures: Do's and Taboos of Body Language Around the World』がある。「Do's and Taboos」シリーズとして、他に 7 冊が刊行された。講演者としても高い評価を得ている。

著者・訳者について

ジョシュア・ペイビン

昼はコンピューター・ジャーナリスト兼フリーのライター
として働き、夜になれば冒険に思いをはせている。ナイフ
を振りまわす悪漢にバイクで追いまわされたり、乗車中の
電車が地下鉄のトンネル内で停止したり、強盗被害に遭っ
たり、チキンが食べたいときに限って品切れでパスタを食
べるはめになったりした経験がある。現在は妻とフィラデ
ルフィアで暮らしている。共著書に『もしもワニに襲われ
たら』(文響社) がある。

デビッド・ボーゲニクト

作家、編集者、実業家、世界を股にかける旅行者。ワニが
生息する池をカヌーで渡ったり、インドでゾウに乗ったり、
大陸横断鉄道で無賃乗車したりした経験がある。飛行機な
どでは非常口付近の座席を死守するものの、100%リクライ
ニングできたためしがない。共著書に『もしもワニに襲わ
れたら』(文響社) があり、単独の著書には『The Jewish
Mother Goose』、『The Little Book of Stupid Questions』
がある。現在は妻とフィラデルフィアで暮らしている。今
のところ結婚生活は"危機的状況"にはないらしい。

ブレンダ・ブラウン

フリーのイラストレーター、漫画家。『もしもワニに襲われたら』（文響社）、『Reader's Digest』、『The Saturday Evening Post』、『The National Enquirer』、『Federal Lawyer and National Review』などのイラストを担当している。彼女のデジタルグラフィックはAdobe、Deneba Software、Corel Corpなど、多くの企業で採用されている。

もっと知りたい！という方はこちら。"備えあれば憂いなし"ですからね。www.worstcasescenario.com

梅澤乃奈（うめざわ・のな）

さまざまな職を経験したのちに「本当にやりたいことは何だろう」と考え、翻訳の道を志す。訳書に『もしもワニに襲われたら』『テイラー・スウィフトの生声』（以上、文響社）、字幕担当作品にNetflix配信『ミス・アメリカーナ』や『3人のキリスト』、ディズニープラス配信『ザ・シンプソンズ』などがある。

訳者あとがき

　このたびは『もしも車ごと崖から落ちそうになったら』
をお手に取っていただき、誠にありがとうございます。
　本書を読了してくださったあなたは、もしかしたらとて
も怖がりなのかもしれない。実は、かく言う訳者も異常な
までの怖がりだ。『もしも車ごと崖から落ちそうになったら』
を訳して、確信した。外の世界は、危険がいっぱいなのだ
と。だからと言って、家の中にいても油断はできないらし
い。ああ、どうしたらいいんだ……。
　答えは簡単、備えておけばいい。『もしもワニに襲われ
たら』と『もしも車ごと崖から落ちそうになったら』を読
破しておけば、たいていの危機は乗り越えられる……かも
しれない。え、まだ心配？　大丈夫、まだシリーズは終わ
らない。
　ところで、私が本書で最も気に入っているのが「もしも
UFOに誘拐されそうになったら」（63ページ）である。何
が最高かって、相手の地球外生命体にある程度は話が通じ
る前提で書かれていることだ。UFOからまばゆい光が差
してきて、下にいる人間がふわーっと連れ去られるような
イメージを見かけることも多いが、ああいった場合でも冷
静に、「いや、降ろしてください」と伝えてみよう。そう
すれば「あ、ごめん急いでた？」みたいな感じで解放して
くれる……かもしれない。
　それから「避けるべきジェスチャー」（197ページ）を教
えてくれるのもありがたい。「そんなつもりじゃなかった

のに」と後悔しないよう、事前に頭に入れておきたい。訳者もニュージーランドに留学経験があるのだが、子供たちに日本語や日本文化を教えるという留学プログラムに参加し、現地の中学校に教員として派遣されていた。当時は自分でも気づかないうちに腕組みをしていることが多く、あるとき生徒に「いつも腕を組んでるけど、怒ってるの？」と聞かれたことがある。それを機に、意識的に腕を組む癖を直した。避けるべきジェスチャーではなかったかもしれないけれど、何気なく取ったポーズやジェスチャーが、相手に不快な思いをさせてしまうのだと気づかされた経験だった。

　コロナ禍で我慢せざるを得なかった海外旅行を楽しみにしている人も多いだろう。どうか事前に本書を読破して、あらゆる危機に備えてもらいたい。せっかくの旅行が悲しい思い出になってしまわないように、万全の準備でいってらっしゃい。ボン・ボヤージュ！

梅澤乃奈

もしも車ごと崖から
落ちそうになったら

究極のサバイバルシリーズ

2023年12月12日　第1刷発行

著者	ジョシュア・ペイビン／デビッド・ボーゲニクト
訳者	梅澤乃奈
デザイン	周田心語（文響社デザイン室）
本文組版	（有）エヴリ・シンク
校正	山田亮子
編集協力	渡辺のぞみ
編集	畑北斗
発行者	山本周嗣
発行所	株式会社文響社

〒105-0001

東京都港区虎ノ門2-2-5 共同通信会館9F

ホームページ	https://bunkyosha.com
お問い合わせ	info@bunkyosha.com
印刷・製本	中央精版印刷株式会社